MARCO POLO

KROATISCHE KÜSTE
DALMATIEN

W0177745

DEUTSCHLAND
FL
SCHWEIZ
ÖSTERREICH
Villach
UNGARN
Ljubljana
SLOWENIEN
Zagreb
Venedig
Triest
Rijeka
KROATIEN
Kroatische
Küste/
Dalmatien
BOSNIEN-
HERZEGOWINA
SERBIEN
Golf v.
Genua
RSM
Sarajevo
Ancona
ITALIEN
Adriatisches
Meer
Split
MONTE-
NEGRO
KSV
Korsika
(F)
Dubrovnik
AL

> Ich finde, dass es in Europa keine
> reizvollere und vielseitigere Küste
> gibt. Und das Meer ist so glasklar
> und türkisblau – besser als in der
> Karibik!
> *MARCO POLO Korrespondentin*
> *Daniela Schetar*
> (siehe S. 134)

Das passt:
Der MARCO POLO Sprachführer Kroatisch

Weitere MARCO POLO Titel:
Kroatische Küste/Istrien, Kvarner, Slowenien, Montenegro

**Spezielle News, Lesermeinungen und Angebote zur Kroatischen
Küste – Dalmatien:**
www.marcopolo.de/kroatienkueste-dal

KROATISCHE KÜSTE

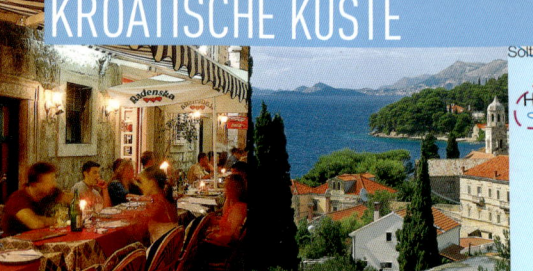

> SYMBOLE

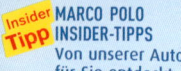

MARCO POLO
INSIDER-TIPPS
Von unserer Autorin
für Sie entdeckt

★ MARCO POLO
HIGHLIGHTS
Alles, was Sie an der
kroatischen Küste
kennen sollten

☀ SCHÖNE AUSSICHT

📶 WLAN-HOTSPOT

▶▶ HIER TRIFFT SICH
DIE SZENE

> PREISKATEGORIEN

HOTELS
€€€ über 150 Euro
€€   80–150 Euro
€   bis 80 Euro
Preise für zwei Personen im
Doppelzimmer mit Frühstück
pro Nacht in der Hochsaison

RESTAURANTS
€€€ über 35 Euro
€€   25–35 Euro
€   bis 25 Euro
Preise für ein für das jeweilige
Restaurant typisches Menü
aus Vorspeise, Hauptgericht,
Dessert und Getränk

> KARTEN

[124 A1] Seitenzahlen und
Koordinaten für der
Reiseatlas Kroatische
Küste – Dalmatien

Karten zu Dubrovnik, Split,
Trogir und Zadar finden Sie
im hinteren Umschlag

Zu Ihrer Orientierung sind
auch die Orte mit Koordinate
versehen, die nicht im Reise
atlas eingetragen sind

INHALT

> SZENE

S. 12–15: Trends, Entdeckungen, Hotspots! Was wann wo in Dalmatien los ist, verrät der MARCO POLO Szeneautor vor Ort

> 24 STUNDEN

S. 102/103: Action pur und einmalige Erlebnisse in 24 Stunden! MARCO POLO hat für Sie einen außergewöhnlichen Tag in Split und auf Hvar zusammengestellt

> LOW BUDGET

Viel erleben für wenig Geld! Wo Sie zu kleinen Preisen etwas Besonderes genießen und tolle Schnäppchen machen können:

Selbstbedienungsrestaurant in alter Zitadelle S. 36 | Gemütlich einschlafen in der Grünen Eidechse S. 62 | Günstig essen im Express S. 83

> GUT ZU WISSEN

Was war wann? S. 10 | Spezialitäten S. 26 | Blogs & Podcasts S. 42 | Unter vollen Segeln S. 49 | Bücher & Filme S. 51 | Ivan Meštrović S. 66 | Moreška S. 84 |

AUF DEM TITEL
Dugi otok: eine Insel, die verzaubert S. 34 Bilderbuchstrände an der Makarska-Riviera S. 64

ENTDECKEN SIE DIE KROATISCHE KÜSTE!

Unsere Top 15 führen Sie an die traumhaftesten Orte und zu den spannendsten Sehenswürdigkeiten

Die Highlights sind in der Karte auf dem hinteren Umschlag eingetragen

 Sommerfestspiele
Hochkarätiger Kunstgenuss vor der historischen Kulisse von Dubrovniks Altstadt (Seite 23)

 Sinjska alka
In Sinj werden seit 1715 die Ritterspiele zur Erinnerung an den Sieg über die Türken gefeiert (Seite 23)

 Panoramastraße
Herrliche Ausblicke aufs Meer und tiefe Einblicke in die Insel Dugi otok eröffnen sich nach jeder Kurve neu (Seite 34)

 Altstadt Šibenik
Das denkmalgeschützte Ensemble rund um die Kathedrale Sv. Jakov zählt zu den reizvollsten Altstädten Dalmatiens (Seite 37)

 Altstadt Zadar
In den Gassen der alten Metropole prägt mediterrane Lebensart die Atmosphäre (Seite 44)

 Zlatni rat
Dalmatiens meistfotografierter Badestrand auf Brač verändert ständig seine Form (Seite 54)

 Brela
Weiße Kiesel, türkisfarbenes Wasser und sattes Piniengrün prägen in Brela das Bild der Makarska-Riviera (Seite 64)

 Diokletianpalast
Kaffee unter dem Sonnenschirm: Split lebt in und mit seiner antiken römischen Palastanlage (Seite 68)

> DIE BESTEN MARCO POLO HIGHLIGHTS

 Kathedrale Sv. Duje
Von Rom über Romanik und von Renaissance bis Barock – ein Feuerwerk architektonischer Stile ist in einer einzigen Kirche in Split zu sehen (Seite 69)

 Kathedrale Sv. Lovro
Generationen haben an der Kathedrale von Trogir gearbeitet und nach rund 400 Jahren ein vollendetes Kunstwerk mit wunderbarem Ausblick hinterlassen (Seite 72)

Blaue Grotte (Modra špilja)
Sonnenstrahlen, die durch das Wasser in die Höhle von Biševo dringen, entfachen um die Mittagszeit ein magisches blaues Licht (Seite 75)

 Altstadt Dubrovnik
Das Glanzlicht des Mittelalters, Hort von Kunst und Kultur, nimmt sich heute die Freiheit, auch ein touristischer Rummelplatz zu sein (Seite 80)

Korčula (Ort)
Die angebliche Geburtsstadt von Marco Polo pflegt mit dem Ritterspiel Moreška uralte Traditionen (Seite 88)

 Kornati-Archipel
Tränen der Adria werden die fast kahlen, buckelförmigen Eilande weit draußen im blauen Meer genannt (Seite 98)

 Nationalpark Krka
Die Krka staut ihr stilles Wasser und stürzt sich dann schäumend über Kalkterrassen (Seite 100)

WAS FÜR EINE KÜSTE!

Blick über Cavtat

> Ein Aschenputtel wird zur Märchenprinzessin: Lange galt die kroatische Küste als Billigreiseziel mit einfachster Infrastruktur und unbequemen Felsstränden. Mit Kroatiens Unabhängigkeit hat sich das radikal geändert: Hochklassige Hotels, schicke Hostels, elegante Restaurants, urige Konobas, supermoderne Strandbäder und ein buntes Nachtleben machen die dalmatinische Küste zur europäischen Top-Destination. Die stille, oft herbe Schönheit der Inseln und Buchten, das glasklare Meer, die romantische Kulisse mittelalterlicher Hafenstädte voller antiker Schätze gingen dabei nicht verloren. Gehen Sie auf Entdeckungsreise!

> Wenn du den Finger ins Meer tauchst, bist du mit der ganzen Welt verbunden (Kad staviš prst u more, povezan si s cijelim svijetom). Diese alte dalmatinische Volksweisheit in kroatischer Sprache lebt noch heute im alltäglichen Sprachgebrauch der Küsten- und Inselbewohner auf der Ostseite der Adria. Sie resümiert und symbolisiert das Lebensgefühl der dalmatinischen Bevölkerung, ihre in leidenschaftlicher Liebe zur Heimat verankerte Weltoffenheit. Wo man so denkt und fühlt, ist das kostbare Juwel Gastfreundschaft eine Selbstverständlichkeit im Umgang miteinander. In Dalmatien verdeutlicht das eine überall gebräuchliche, zwanglose Tischsitte, denn es gilt: „Alles, was auf dem Tisch steht, ist für alle da." Azur, Smaragd, Tannengrün und Felsengrau, das sind die konstanten Farben im Landschaftsbild der dalmatinischen Küstenregion. Ein Gebiet, in dem sich Wasser und Land in eng verschlungenen, verworrenen Formen begegnen. Die gesamte kroatische Küste erstreckt sich über

1777 km. Ihr sind insgesamt 1184 Inseln vorgelagert. Aber nur 67 sind bewohnt. Ganz im Norden eröffnet die Halbinsel Istrien mit ihren grünen Hügeln, auf denen uralte, von Mauern umzingelte Dörfer thronen, den Einstieg in die mediterrane Welt. An Istrien lehnt sich die Kvarner Bucht mit den Inseln Krk, Cres, Lošinj und Rab. Die Landschaften im Norden beschreibt der MARCO POLO Band „Kroatische Küste – Istrien/Kvarner".

> **Die Luft duftet nach Pinien, Ginster und Lavendel**

Dieser Band richtet den Blick allein auf Dalmatien, auf seine geschichtsträchtigen Küstenstädte Zadar, Šibenik, Trogir, Split, Omiš und Dubrovnik sowie auf den Archipel, aus dem als bekannteste Inseln herausragen: Brač, Hvar, Korčula, Dugi otok, Pašman, Ugljan, Vis, Lastovo, Mljet.

Wie das duftet! Lavendelfeld inmitten typischer Mittelmeervegetation auf der Insel Hvar

Der Name Dalmatien ist der geografische und touristische Begriff für die Ostadriaküste von Stari Grad-Paklenica im Norden bis zur Boka Kotorska (Bucht von Kotor, der Grenze zu Montenegro) im Süden. Auf dem Festland erheben sich hinter dem fruchtbaren, schmalen Küstenstreifen die schroffen, steilen Karstgebirgsketten der Dinarischen Alpen auf bis zu 1700 m Höhe. Im Norden schotten sie Dalmatien vom Kerngebiet Kroatiens ab, im mittleren Teil von Bosnien und ganz im Süden von Montenegro. Dalmatien hat also im wahrsten Sinne des Wortes seinen Blick auf das Meer gerichtet: sowohl im Alltagsleben unter roten Ziegeldächern als auch im kulturhistorischen Erbe der einst hier herrschenden Kolonialherren – der Griechen, Römer, Byzantiner und Venezianer.

Zitronengelbe Ginsterbüsche, violetter Salbei und Lavendel, immergrüner Pinienwald und Weinreben würzen das milde Meeresklima mit ihrem aromatischen Duft. Schmetterlinge rasten am steinigen Rand des glasklaren, azurblauen Wassers, dessen seichte Wellen im grellen Sonnenlicht wie Diamanten funkeln. Ein bezauberndes Stück Natur voll sinnlicher Heiterkeit.

> **Kulturgüter in Fülle – aus allen Epochen**

Dennoch ist diese Küste keineswegs ein Stück vom Paradies. Seit Jahrhunderten hat die Region Eroberer und Siedler wie ein Magnet angezogen. Zuerst die Illyrer, dann Griechen und Römer, später die Germanenstämme der Goten und Franken sowie Slawen und Awaren. Im Mittelalter wird Venedig zum maßgeblichen Herrscher, der Dalmatien immer wieder gegen die Einfälle der Türken verteidigt. Nur die Stadtrepublik Ragusa, das heutige Dubrovnik, bewahrt sich durch Verhandlungsgeschick eine gewisse Unabhängigkeit. Bis zum Zweiten Weltkrieg gehört Dalmatien zum Königreich Jugoslawien, nach 1945 zur Volksrepublik Jugoslawien. Deren Zerfall zwischen 1991 und 1995 hat auch in Dalmatien Spuren hinterlassen. Dubrovnik, Zadar und Šibenik haben am heftigsten unter den Angriffen der Armee Rest-Jugoslawiens gelitten. Seit der Unterzeichnung des Dayton-Friedensabkommens 1995 herrscht wieder Frieden im Land. Die Spuren des Krieges sind meist nur noch an der etwas kräftigeren roten Farbe neuer Dachziegel und Schornsteine abzulesen.

1. Jt. v.Chr.–2. Jh n.Chr. Illyrer, Griechen und schließlich Römer besiedeln Dalmatien und gründen Handelsniederlassungen

6.–10. Jh. Dalmatien ist byzantinisch; Einwanderung von Slawen und Gründung des ersten kroatischen Königreichs

ab dem 12. Jh. Venedig unterwirft Dalmatien. Ab Mitte des 15. Jhs. bedrohen osmanische Truppen die Küste

1797–1918 Unter Napoleon Ende der venezianischen Herrschaft, Gleiches widerfährt Ragusa im Jahr 1808. Das Erbe dieser Handelsmächte fällt an Österreich

ab 1918 Kroaten, Serben und Slowenen gründen das Königreich Jugoslawien, das im Zweiten Weltkrieg kapituliert (1941)

1939–45 Partisanenverbände kämpfen gegen die Deutsche Wehrmacht

1945 Gründung der „Föderativen Volksrepublik Jugoslawien" unter Führung von Ministerpräsident Josip Broz Tito und der Kommunistischen Partei

1980 Nach Titos Tod verschärfen sich Wirtschaftskrise und Nationalismus im Vielvölkerstaat

1991–95 Kroatien erklärt sich 1991 für unabhängig und wird von der jugoslawischen Armee angegriffen

1995–99 Das von Kroaten, Serben und Bosniern unterzeichnete Dayton-Friedensabkommen sichert Kroatiens Grenzen; der erste Präsident des unabhängigen Kroatiens, Franjo Tuđman, stirbt 1999

2009 Der angestrebte EU-Beitritt rückt u. a. wegen eines Grenzstreits mit Slowenien wieder in weitere Ferne

So bewegt die Geschichte der Küstenregion durch die Jahrtausende auch gewesen sein mag – bestimmt von Aufbau und Zerstörung, von Blüte und Niedergang –, ein weltveränderndes Schlachtfeld oder gar weltpolitisch agierendes Machtzentrum war sie nie. Die verschiedenen Kolonialmächte unterhielten hier ihre Handels- und Militärstützpunkte. Das bewirkte den Ausbau der dalmatinischen Städte, in denen sich heute die wertvollen kulturellen Hinterlassenschaften der Kolonialherren zuhauf finden. Vor allem Romanik, Gotik und Renaissance haben die Küstenstädte mit ihren steinernen Blüten geschmückt, und vier dalmatinische Städte zählen dank ihrer einmaligen Kunstschätze zum Weltkulturerbe der Unesco. Vornehmlich diente Dalmatien all seinen Herren jedoch als Sommerresidenz und als Garten, versorgte sie mit Früchten und Gemüse, mit Olivenöl, Fischen und Wein. Nicht einmal im Diokletianpalast in Split wurde große Politik gemacht. Den nämlich ließ sich der römische Kaiser Diokletian im 4. Jh. als prächtigen Altersruhesitz bauen.

> **Die Urlauber zieht es hin zur blauen Adria**

Gartenbau, Fischfang und Erholung, in diesen Funktionen ist sich die Küste Dalmatiens bis heute treu geblieben. Kroatiens Politik wird in der Regierungshauptstadt Zagreb gemacht. Und die liegt von Zadar 180 km weit entfernt im Binnenland, von Dubrovnik gar 580 km. Seit 1955, unter Tito, hat der neuzeitliche

Tourismus im damals noch jugoslawisch-kroatischen Dalmatien Einzug gehalten. Bis 1990 boomte das für Devisen bringende Urlauber preiswerte Ferienziel am blauen Meer. Die Souveränitätserklärung 1991 und deren internationale Anerkennung 1992 haben Kroatien den Weg zu Demokratie und Marktwirtschaft

hütte, vom Wellnesscenter bis zur Segel- oder Mountainbiketour. Neue Autobahnen bringen die Urlauber schnell zum Ziel. In den Städten restauriert man die alten Rathäuser und Plätze, Kirchen und Paläste; Arbeiten, die an der kulturhistorisch so wertvollen Bausubstanz längst überfällig waren. Und in den Restau-

Cavtat: Palmen beschatten die Uferpromenade des beliebten Badeortes

gebahnt. Aber das einst so florierende touristische Erbe lag am Boden, zerstört und veraltet.

Immense staatliche und private Investitionen sind seitdem in die Erneuerung der touristischen Infrastruktur geflossen. Heute kann Dalmatien seinen Gästen ein vielfältig strukturiertes Angebot bieten: vom 5-Sterne-Hotel bis zum Urlaub in der Fischer-

rants treten feine dalmatinische Gerichte, gewürzt mit aromatischen Kräutern, an Stelle der früher so beliebten simplen Fleischspeisen vom Grill. Ganz Dalmatien mausert sich zu einem attraktiven Schmuckkästchen mit einer Trumpfkarte, die vieles vereint: sauberes Wasser und bildschöne, intakte Natur, begleitet von einer herzlichen Gastfreundschaft.

▶▶ TREND GUIDE DALMATIEN

Die heißesten Entdeckungen und Hotspots! Unser Szene-Scout zeigt Ihnen, was angesagt ist

Krunoslav Husinec

Der Szenekenner arbeitet als Unternehmensberater im Lifestyle-Bereich. Krunoslav wuchs in München und Kroatien auf und pendelt jetzt zwischen seinen Wohnorten Berlin und Split. Was ihn an dem Land so fasziniert? Die lebendige Szene, die Entwicklung der Trends und der Mix aus den Kulturen, welche die Region am Mittelmeer so spannend machen. Sein absoluter Favorit: die Umgebung von Split!

▶▶ EXPERIMENTIERFREUDIG

Moderne Skulpturen

Dalmatiens Künstler experimentieren mit Form, Farbe und Material ihrer Objekte. Ive Kora ist begeistert von der weichen Struktur des Olivenholzes, aus dem er seine Figuren in seinem Studio auf Brač schnitzt (*Postira, www.ivekora.com*, Foto). Seine Skulpturen aus Stein und Metall verziert Matko Mijić meist mit filigranen Kreuzen (*Trogir, www.matko mijic.com*). Terrakotta und Holz sind u. a. die Materialien, die der Künstler Ante Mandarić für seine Werke benötigt. Dabei richtet er sich nach der Beschaffenheit des Werkstoffes. So verwendet er Holz nur für weiche plastische Formen, Terrakotta für grobe Skulpturen (*Galerija Freska, Plinarska 49, Split, www.galerija-freska.com*).

SZENE

▶▶ GUTES TUN

Dalmatien packt an

Der Natur und den Tieren schenken die Menschen der Region mittlerweile besondere Aufmerksamkeit. Den Schutz der Korallen hat sich das Projekt COAST auf die Fahne geschrieben *(www.undp.hr*, Foto*)*. Hvar soll sauber werden/bleiben. Unter diesem Motto steht das Projekt *Cima Hvar*. Müllsammelaktionen, an denen man sich beteiligen kann, stehen auf der Tagesordnung *(Clubhaus Dolac b.b., Hvar, www.cimahvar.hr)*. Um die kroatischen Esel vor dem Aussterben zu schützen, hat die Organisation *Hrvatski tovar* die Inseln Logorun und Veliki škoj zum Eselreservat erklärt. Tierschützer und Eselfans besuchen die gutmütigen Tiere und unterstützen die Organisation mit Spenden *(www.hrvatski-tovar.hr)*.

▶▶ FRECHE KOMBIS

Nightlife-Hotspots

In Sachen Nightlife setzen die Nachtschwärmer Dalmatiens auf breite Sofas, cooles Design und chillige Musik. In der Cafébar *Red Room* überzeugt der Kontrast zwischen groben Steinmauern, knallroten Wänden und Sofas im orientalischen Stil *(Catarina Poljana b.b., Split)*. Durch die

neuesten Mixes der Musikszene und sein minimalistisches Design avanciert *The Garden* zum Hotspot am Strand *(Bedemi zadarskih pobuna 5, Zadar, www.thegarden zadar.com)*. Kultstatus hat der kleine Club *Fresh*, der durch seine freche Kombi aus Restaurant, Meetingpoint und Travel-Forum für jeden Gast das Richtige zu bieten hat *(Hrvatske Bratske Zajednice, 1 Kod Kina Liburne, Korčula, www.igotfresh.com*, Foto*)*.

▶▶ CHILLEN MIT AUSSICHT

Style-Hochburgen am Meer

Bettenburgen im Plattenbaustil haben ausgedient. Die neuen Edelunterkünfte setzen auf futuristisches Ambiente und die perfekte Aussicht. Im *Bellevue* in Dubrovnik genießen Gäste auf Designerliegen den Meerblick durch die Glasfassade *(Pera Cingrije 7, www.hotel-bellevue.hr, Foto)*. Einen atemberaubenden Blick auf die Adria hat man von der Dachterrasse des *Adriana* aus *(Fabrika b.b., Hvar, www.suncanihvar.com)*. Auch im *Hotel San Antonio* ist die Aussicht – egal ob von der Terrasse oder direkt am Pool – unvergesslich *(Grljevačka 30, Podstrana, www.hotel-sanantonio.com)*.

▶▶ DANCE THE NIGHT AWAY

Heiße DJs & coole Beats

Kroatien ist im Technofieber! Heiße Mixes von ebensolchen DJs sorgen in den Clubs für Partystimmung. Hotspot der Szene ist der *Aurora Club*, wo Top-Acts wie David Morales oder Westbam auflegen *(Kamenar b.b., Primošten, www.auroraclub.hr)*. Coole Beats in heißen Nächten hat das *Puls 2* zu bieten *(Buvinia 1, Split)*. In Split zieht es Partypeople in den *Club O'Hara*, wo zu den neuesten Elektrosounds abgedanct wird *(Uvala Zenta 3, Split, www.ohara.hr)*.

▶▶ FASHION DELUXE

Kroatische Extravaganz

Dalmatiens Designer wissen, was ihre Kunden wollen: auffallen um jeden Preis. Igor Dalaš und Ivana Žankos ausgefallene Kreationen gibt es bei *Modni Kantun – Croation Fashion Design (Zlatarska 3, Dubrovnik, www.advance.hr/croatian-fashion-design)*. Marina Grabovac's Hüte lieben vor allem extravagante Frauen, die sie mit großen Roben genauso kombinieren wie mit Alltagskleidung. Die Kollektion gibt's bei *Ronchi Hat Factory (Lučarica 2, Dubrovnik, www.dubrovnik-online.com/ronchi, Foto)*. Modna kuća MAK setzen auf verspielte Designs mit einem Touch Erotik *(Cro-a-Porter, Široka ulica 18, Zadar, www.mak-modna-kuca.hr)*.

▶▶ VEGGIE-STYLE

Fleischlos glücklich

Ein Restaurant in der Region, das sich auf vegetarische Kost spezialisiert hat? Bisher kaum denkbar. Doch nun wagen junge Küchenchefs dieses Experiment. Die Speisekarte im *Nishta* ist zu 100 Prozent vegetarisch. In modernem Ambiente speisen die Gäste z. B. Gazpacho oder Falafel *(Prijeko b.b., Dubrovnik, www.nishtarestaurant.com)*. Im *Makrovega* in Split gibt es Vegetarisches zum Mitnehmen. Hier kommen Gemüseliebhaber voll auf ihre Kosten. Einfach an der Take-away-Theke die leckersten Sachen aussuchen und schlemmen *(Leština 2, Split, www.makrovega.hr)*. Im *Natural* ist der Name Programm: Die verwendeten Produkte sind rein biologisch und die Speisen auf Wunsch auch vegan *(Glagoljaška 2, Split, www.natural.hr)*.

▶▶ EXTREMSPORT-MEKKA

Nervenkitzel garantiert

Wer glaubt, es ziehe nur Segler, Schnorchler und Ruheliebende an die kroatische Küste, liegt damit falsch. Abenteuer- und Funsportler entdecken das vielseitige Fleckchen Erde für sich. Zwischen Schluchten und Felsen tummeln sich Kletterer mit dem Team von *Hvar Adventure*, das an der Vela-Stiniva-Bucht auf Hvar auf Freeclimbing-Tour geht *(Obala b.b., Hvar, www.hvar-adventure.com, Foto)*. Die Adria aus der Vogelperspektive? Mit *Paragliding Shuttle* aus Split erkundet man die Region von oben *(Rudjera Boskovica 21, www.shuttle.hr)*. In die Berge geht's mit *Adventure Dalmatia*. Es bietet die freie Wahl zwischen Canyoning, Caving oder Abseiling *(Matije Gupca 26, Split, www.adventuredalmatia.com)*.

> AM MEER ENTLANG ZU NEUEN UFERN

Notizen zu Fauna und Flora, zum Klima und zu den Einheimischen

ADRIA-MAGISTRALE

Das technische Meisterwerk, gebaut zu Titos Zeiten von Ankaran (Slowenien) bis nach Ulcinj (Montenegro), ist die Hauptschlagader des Adriatourismus. Als eine der schönsten Ferienstraßen Europas verbindet die Adria-Magistrale auf einer Gesamtlänge von über 1200 km die Feriengebiete entlang der kroatischen Küste. In schwindelnder Höhe presst sie sich eng an steil zur Adria abfallendes, zerklüftetes Gestein, windet sich um Meeresarme und Buchten, durch Gärten und über Geröllfelder. Wundervolle Ausblicke eröffnen sich auf das blaue Meer, auf grüne Inseln, bizarre Felsen und mediterrane Städte und Dörfer. Zur Hauptreisezeit birgt die kurvenreiche Strecke allerdings wegen der vielen Überholmanöver der

Bild: Makarska-Riviera

STICH WORTE

PKW-Fahrer, die sich zwischen Campingwagen und LKWs drängen, ein erhöhtes Unfallrisiko.

JURAJ DALMATINAC

Wenige Künstler haben die Architektur und Kunst Dalmatiens so geprägt wie der um 1420 in Zadar geborene Juraj Dalmatinac. Er entwarf und baute die Stadt Pag auf der gleichnamigen Insel, er war maßgeblich an der Kathedrale von Šibenik beteiligt, er arbeitete in Split, Zadar und Dubrovnik. Gelernt hatte Dalmatinac sein Handwerk bei berühmten Baumeistern in Venedig. Dort kam er auch mit der aufkeimenden Renaissance in Berührung, deren dekorative Elemente und Bauformen er mitnahm ins heimatliche Dalmatien und damit das Ende der Gotik einleitete.

Das Universalgenie war sowohl als Stadtplaner wie auch als Architekt und Bildhauer tätig. Zu seinen Meisterwerken zählen die mit Köpfen prominenter Bürger geschmückten Apsiden der Kathedrale von Šibenik und das Relief der Geißelung Christi in der Kathedrale von Split. Geradezu revolutionär war sein Umgang mit dem Baumaterial Stein, den es in Dalmatien im Überfluss gab. Während seine italienischen Kollegen Tonnengewölbe und Kuppeln aus Holz und Ziegeln konstruierten, entwickelte er eine besondere Technik, Steinplatten miteinander zu verfugen. Das eindrucksvolle Ergebnis dieses Verfahrens ist ebenfalls in der Šibeniker Kathedrale zu besichtigen.

DATEN & FAKTEN

Mit dem schönsten Küstenstreifen entlang der Adria, dem weit über tausend Inseln, Eilande und Riffe vorgelagert sind, mit Bodenschätzen wie Gas und Öl, fruchtbaren Böden, Naturschönheiten sowie einer reichen kulturhistorischen Hinterlassenschaft erstreckt sich die Republik Kroatien vom Mittelmeer bis zur Donau auf einer Fläche von 56 538 km². *Hrvatska* heißt das Land in der kroatischen Sprache. Seine Hauptstadt ist Zagreb (deutsch: Agram; über 1 Mio. Ew.). Die 4,4 Mio. Ew. Kroatiens sind von der Abstammung her zu etwa 90 Prozent Kroaten. Der römisch-katholischen Kirche zugehörig fühlen sich ebenfalls 90 Prozent der Bevölkerung. Im Norden ist Slowenien das Nachbarland, im Osten sind es Ungarn, Serbien und Bosnien-Herzegowina, im Süden Montenegro.

Zerklüftete Felsbuchten säumen die Küste bei Dubrovnik

Staats- und Regierungsform der Republik Kroatien ist die parlamentarische Demokratie, Staatsoberhaupt ist Dr. Danilo Türk, Regierungschef der Mitte-links-Koalition ist der Sozialdemokrat Borut Pahor. Der Zentralstaat teilt sich auf in 20 Provinzen *(Županije)*. Ziel der Umsetzung der Verwaltungsreform von 2001 ist die Dezentralisierung und Stärkung der lokalen Selbstverwaltung.

2009 wurde Kroatien Vollmitglied der Nato; der im gleichen Jahr vorgesehene EU-Beitritt musste erneut verschoben werden. Ursache sind EU-interne Probleme wie der schleppende Ratifizierungsprozess des Lissabon-Vertrages, aber auch ein immer heftiger eskalierender Grenzstreit zwischen Kroatien und dem EU-Mitglied Slowenien um Hoheitsgewässer in der Bucht von Piran.

FLORA

Spröder Karst in allen Farbnuancen von Schneeweiß bis Anthrazitgrau beherrscht das Landschaftsbild der kroatischen Küste. Es sind die genügsamen Pflanzen, die in diesem wasserarmen, unwirtlichen Felsengerippe ihre Blütenpracht entfalten und die schroffen Felsen beleben. Im Frühjahr ist das der gelbe Ginsterstrauch. Lavendel und Salbei überdecken die Geröllfelder im Sommer mit ihren violetten Blüten. Im Herbst leuchten die roten Früchte des Erdbeerbaums aus der Macchia.

Die Macchia – auf wasserarmen Felsenböden im grellen Sonnenlicht wild wuchernde Sträucher von niedrigem Wuchs – hat sich den mediterranen Lebensbedingungen mit immergrünen Blättern angepasst. Schmetterlinge und Bienen lassen sich vom herben Duft des Rosmarins, Thymians und Oreganos anlocken. Schatten spenden Steineichen, Lorbeerbäume, Kiefern, Pinien und Zypressen.

Weingärten und Olivenhaine sind dagegen von Menschenhand angelegt. In Talmulden *(polje)* sammelt sich fruchtbarer Humusboden. Auf ihm gedeihen Zitronen und Orangen, Kiwis, Melonen und Pfirsiche, auch Zwiebeln, Bohnen, Tomaten, Gurken, Paprika und Artischocken.

LEUCHTTÜRME

An allen wichtigen Punkten entlang der Küste, auf den Inseln, vor Klippen und Untiefen markieren Seezeichen bei Tag und Nacht die Seewege. Viele der Mitte des 19. Jhs. unter österreichungarischer Herrschaft gebauten Leuchttürme stehen unter Denkmalschutz an landschaftlich attraktiven Plätzen. Seit einigen Jahren werden in Dalmatien in neun dieser inzwischen automatisch betriebenen Leuchttürme Apartments an Urlauber vermietet, beispielsweise an der Hafeneinfahrt von Makarska, auf den Inseln Dugi otok und Lastovo sowie weit draußen im Meer, auf Sušak und Palagruža. *Auskunft: Kroatische Zentrale für Tourismus (Frankfurt/M. | Tel. 069/ 238 53 50), weitere Infos auch unter www.lighthouses-croatia.com*

MEERESTIERE

Die Flora und Fauna des Meeres ist aufgrund der sehr guten Wasserqualität noch weitgehend intakt. Im Umfeld der stark zerfurchten Unterwasserfelsen leben zahlreiche Muscheln, Schwämme, Schnecken, Krebse, Hummer und Tintenfische. Gefischt werden u.a. Zahnbrassen, Meeräschen, Seebarsche, Sardellen und Makrelen. In der Ostadria kommen noch immer etwa 360 verschiedene Fischarten vor.

MITTELMEER-KLIMA

Das milde Klima an der kroatischen Küste ist vom günstigen Einfluss des Mittelmeers geprägt. Die Sommer sind tagsüber meist sonnig und warm, die Nächte bringen leicht erfrischende Abkühlung (die Lufttemperatur beträgt im Juli auf Hvar durchschnittlich 24,9 Grad). Hin und wieder ballen sich kurzzeitig schwarze Wolken am blauen Himmel zusammen, die sich am Nachmittag oder am frühen Abend mit heftigen Gewitterschauern entladen. Dieses Regenwasser erhält die Pflanzenwelt bis in den Herbst hinein grün.

Auch die Winter sind mild, Schnee fällt nur etwa alle zehn Jahre und schmilzt nach wenigen Stunden (durchschnittliche Lufttemperatur auf Hvar im Januar: 8,3 Grad). Im Frühsommer erwärmt sich die Adria schnell auf über 20 Grad. Die mittlere Wassertemperatur liegt im Juli bei 23 Grad und sinkt im Winter kaum unter 12 Grad.

MODISCHE VORREITER

Im Dreißigjährigen Krieg kam um das Jahr 1635 zur Unterstützung der Truppen von Ludwig XIII. auch ein

> **DAS KLIMA IM BLICK**
Handeln statt reden   atmosfair

Reisen bereichert und verbindet Menschen und Kulturen. Jedoch: Wer reist, erzeugt auch CO_2. Dabei trägt der Flugverkehr mit bis zu 10% zur globalen Erwärmung bei. Wer das Klima schützen will, sollte sich somit nach Möglichkeit für die schonendere Reiseform (wie z.B. die Bahn) entscheiden. Wenn keine Alternative zum Fliegen besteht, so kann man mit *atmosfair* handeln und klimafördernde Projekte unterstützen.

atmosfair ist eine gemeinnützige Klimaschutzorganisation.

Die Idee: Flugpassagiere spenden einen kilometerabhängigen Beitrag für die von ihnen verursachten Emissionen und finanzieren damit Projekte in Entwicklungsländern, die dort helfen, den Ausstoß von Klimagasen zu verringern. Dazu berechnet man mit dem Emissionsrechner auf *www.atmosfair.de* wie viel CO_2 der Flug produziert und was es kostet, eine vergleichbare Menge Klimagase einzusparen (z.B. Berlin–London–Berlin: ca. 13 Euro). *atmosfair* garantiert, unter der Schirmherrschaft von Klaus Töpfer, die sorgfältige Verwendung Ihres Beitrags. Auch der MairDumont Verlag fliegt mit *atmosfair*.

Unterstützen auch Sie den Klimaschutz: *www.atmosfair.de*

kroatisches Regiment nach Paris. Die uniformierten 6000 Mann erregten überall große Aufmerksamkeit, denn sie trugen bunte, besonders geknotete Tücher um den Hals. An dieser Zierde, aus grobem Leinen für die einfachen Soldaten, aus feiner Baumwolle und Seide für die Offiziere, begeisterten sich die Franzosen derart, dass sie die *cravate* ab 1670 zum modischen Accessoire auch ihrer zivilen Kleidung machten. Seit dieser Zeit behauptet sich die Krawatte weltweit – vornehmlich in der Herrenmode.

WASSERQUALITÄT

Kroatien ist ein Wasserparadies. International durchgeführte und anerkannte Tests, beispielsweise vom ADAC, beweisen immer wieder die hohe Wasserqualität der kroatischen Adria, die zu den saubersten Gewässern des Mittelmeers zählt. 125 Strände und 21 Yachthäfen sind zurzeit mit dem Ökolabel „Blaue Flagge" ausgezeichnet. *www.blueflag.org*

WINDE

Das Wetter an der Adria wird vom Wind bestimmt: Der „Jugo" oder Schirokko bringt feuchte Luftmassen aus dem Süden. Er kann zu jeder Jahreszeit auftreten. Der Mistral, der ab dem späten Vormittag bis in den frühen Abend hinein vom Meer her bläst, ist im Sommer für die an Land Gebliebenen stets eine Erfrischung. Die Bora, der gefürchtete eisige Nordostwind, fegt den Himmel frei für sonniges Wetter, wühlt dabei aber das Meer gefährlich auf.

WIRTSCHAFT & TOURISMUS

Kroatiens Wirtschaft ist ausgerichtet auf die freie Marktwirtschaft. Die Währung Kuna wird von der Regie-

Trotz Sonnenschein:
Die Fischerei ist ein hartes Brot

rung stabil gehalten. Der Tourismus trägt mit einem Anteil von etwa 15 Prozent zum Bruttoinlandsprodukt bei. In der industriearmen Küstenregion ist er der wichtigste Arbeitgeber. Knapp 9,5 Mio. ausländische Gäste besuchten Kroatien 2008.

SCHWERTKÄMPFE UND WETTSINGEN

Ob Karwoche oder Festival, Anlässe zum Feiern gibt es immer und überall

> Wer nicht singen kann und keinen Wein mag, ist kein richtiger Dalmatiner, sagen die Dalmatiner und stellen diese Worte nicht nur auf ihren vielen Festen rund um das Jahr gern unter Beweis. Von religiösen Festen wie der Karfreitagsprozession bis zum Kinderfestival reicht das Programm. Einer *klapa* (Gruppe von Freunden) reicht die pure Lust am Gesang, die feinsinnig-heiteren bis schwermütigen Melodien dalmatinischen Lebensgefühls spontan anzustimmen. Auf Festen und Veranstaltungen zeigen sich die Sänger in den alten Volkstrachten.

OFFIZIELLE FEIERTAGE

1. Jan. *Neujahr,* **6. Jan.** *Hl. Drei Könige,* **März/April** *Ostern,* **1. Mai** *Tag der Arbeit,* **22. Juni** *Tag des antifaschistischen Widerstandskampfs,* **25. Juni** *Nationalfeiertag,* **15. Aug.** *Mariä Himmelfahrt,* **1. Nov.** *Allerheiligen,* **25./26. Dez.** *Weihnachten*

VERANSTALTUNGEN UND FESTIVALS

März/April
Korčula: Lebendiges christliches Brauchtum in der *Karwoche* mit den feierlichen Messen und Prozessionen der traditionellen Bruderschaften Allerheiligen, hl. Michael und hl. Rochus. *Palmsonntag bis Ostermontag*
Hvar: In der Nacht vom Gründonnerstag auf den Karfreitag zieht die *Kreuzprozession* nach einem 500 Jahre alten Brauch bis 6 Uhr morgens durch sechs Inselgemeinden.

Juni
Šibenik: Internationales Kinderfestival, bei dem die gesamte Stadt zur großen Bühne für Musik, Theater, Akrobatik und bunte Spiele wird. *Ab Ende Juni für zwei Wochen*

Juli/August
Omiš: Klapa-Festival – Im Juli treffen sich Klapa-Gruppen aus ganz Dalmatien zum fröhlichen Sängerwettstreit.

Aktuelle Events weltweit auf www.marcopolo.de/events

> EVENTS
FESTE & MEHR

Dubrovnik: ⭐ *Sommerfestspiele* –
großes Musik- und Theaterfestival auf
33 Freilichtbühnen im Altstadtkern. Das
Programm reicht von Klassik, Jazz und
Folklore und Theater bis zu Kunstaus-
stellungen. *Mitte Juli–Ende August.*
Split: Splitsko ljeto (Spliter Sommer) –
Festival des Dramas, des Balletts und der
Oper in der Altstadt auf Freilichtbühnen.
Fester Bestandteil: Aufführungen von
Verdis „Aida" und „Nabucco" im Peristyl.
Mitte Juli–Mitte August
Zadar: Musikfestspiele in Sv. Donat –
geistliche Musik aus Mittelalter, Renais-
sance und Barock. *Juli–Mitte August*
Dugi otok: Saljske Užance – in Sali sind
die Esel los und laufen um die Wette.
Dazu gibt es Wein, Essen und Musik.
1. Augustwochenende
Kukljica, Ugljan: Madona od snijega (Un-
sere liebe Frau vom Schnee) – feierliche
Bootsprozession. *5. Aug.*
Sinj: ⭐ *Sinjska alka* – bedeutendstes
folkloristisches Ritterspiel Kroatiens. Der
Reiterwettstreit in prachtvollen Trachten
und Uniformen wird seit 1715 zur Erinnerung an den Sieg über die Türken
gefeiert, gleichzeitig mit dem kirchlichen
Feiertag der Muttergottes von Sinj, der
die *alkari* (Reiter) den Sieg der Legende
nach verdanken. *Drei Tage am 1. Wochenende im August (www.alka.hr)*
Šibenik: Orgelsommerschule – Musik in
sakralen Räumen, Austausch theoreti-
scher und praktischer Forschung, deren
Ergebnisse dem Publikum in etwa zehn
Konzerten präsentiert werden. Sechs historische Orgeln erklingen allein in der
Stadt Šibenik, 19 historische und moder-
ne sind es in der gesamten Region. *Zwei
Wochen ab Mitte August*

Insider Tipp

September
Korčula: Marco-Polo-Tage – Höhepunkt ist
die Rekonstruktion der historischen
Schlacht von Korčula 1298, bei der der
angeblich in Korčula geborene Marco Polo
gefangen genommen wurde. Im Ge-
fängnis von Genua verfasste er dann
seine berühmten Reiseberichte über
China. *1. oder 2. Septemberwoche*

> MEDITERRANE KÜCHE – KÖSTLICH UND LEICHT

Die kulinarischen Trümpfe der Küste kommen frisch
aus Garten und Meer

> Hauchdünner dalmatinischer Rohschinken, gelber Schafskäse und Salzsardellen, dazu ein paar schwarze Oliven, hausgebackenes Weißbrot, Salat aus sonnengereiften Tomaten und selbst gekelterter Wein, mit Wasser verdünnt: Mit diesen typisch dalmatinischen Köstlichkeiten sollten Sie Ihren kulinarischen Streifzug beginnen.

Die einfachen, wohlschmeckenden Speisen ohne schwere Fette sind schon aufgrund der Salzwürze eine bekömmliche und gesunde Kost in der heißen Sommerzeit. Hotelgäste mit Vollpension bekommen – neben einem internationalen Frühstück – meist auch internationale Küche serviert. Wenn Sie dalmatinische Kochtraditionen entdecken wollen, wählen Sie besser nur Halbpension-Verpflegung oder Übernachtung mit Frühstück und genießen Sie das Angebot der lokalen Restaurants und der rustikalen Gasthäusern, der *konobas*.

> *www.marcopolo.de/kroatienkueste-dal*

ESSEN & TRINKEN

Die Dalmatiner sind wie die meisten Südländer Frühstücksmuffel. Ihnen reicht die Tasse Kaffee zum morgendlichen Plausch in der Cafébar *(kavana)* auf dem Weg zur Arbeit. Erst zur *marenda,* zum zweiten Frühstück am späten Vormittag, wird ein deftiger Imbiss aufgetischt: kalter Bratenaufschnitt, marinierte Sardellen, Oliven, Käse, kleine warme Speisen und Wein, zur Hälfte mit Wasser aus der Leitung zu *bevanda* verdünnt. Bis zum Abendessen, der Hauptmahlzeit des Tages, nutzen die Dalmatiner jede sich bietende Gelegenheit für einen *kava* (Espresso) zwischendurch.

Cafébars sind in den letzten Jahren überall wie Pilze aus dem Boden geschossen. Für die Allgemeinheit sind sie die gerade noch erschwingliche Alternative zum für dalmatinische Verhältnisse enorm teuer gewordenen Restaurantbesuch. In den

Ferienorten finden sich zudem viele Pizzerien, Tavernen und Konobas.

Fischgerichte sind durchweg erheblich teurer als Fleischgerichte. Das Preisniveau in der Gastronomie Dalmatiens liegt insgesamt nur wenig unter dem von Deutschland oder Österreich.

Spezialität sind Gerichte aus Fischen und Meeresfrüchten. Zubereitet werden sie in ganz unterschiedlicher Form: als Salat, in schwarzem Tintenfischrisotto, auf Spaghetti oder selbst gemachten grünen Bandnudeln. Wenn Sie Scampi bestellen möchten, bedenken Sie, dass diese meist noch

> SPEZIALITÄTEN
Genießen Sie die typisch dalmatinische Küche!

Brodet od riba – Fischeintopf: verschiedene Fischsorten in einem Sud aus Olivenöl, Wein, Zwiebeln, Knoblauch und Petersilie
Dalmatinski pršut – leicht angeräucherter dalmatinischer Rohschinken
Dingač und Postup – die Rotweine von der Halbinsel Pelješac wurden schon zu k. u. k. Zeiten als „Kaiserweine" an den Wiener Hof geliefert
Djuveč – zu gegrillten Fleischspeisen servierte Beilage aus Reis mit Tomaten, Paprika und Zwiebeln, mit Fleischbeilage Hauptgericht

Fritule – in Fett ausgebackenes Hefeteiggebäck, mit Puderzucker bestreut
Grk – ein besonders edler Weißwein aus Lumbarda von der Insel Korčula

Koštradina – gekochtes Lammfleisch, oft mit dalmatinischer Tomatensauce serviert
Lozovaca und Travarica – dalmatinische Trauben- und Kräuterschnäpse – auch zum Einreiben gegen Rheuma
Mixed Grill – verschiedene kleine gegrillte Steaks vom Rind, Schwein und Lamm mit *ajvar*, einer würzigen Paste aus roten Paprika und Tomaten
Mantala – Tresterbrot, eine Spezialität aus dem Süden Dalmatiens
Palačinke – Pfannkuchen mit einer Sauce aus Marmelade oder Schokolade
Paški sir – der Schafskäse von der Insel Pag ist ein würziger Appetitanreger (Foto)
Pašticada – mariniertes, mit Speck gespicktes Rindfleisch in Rotwein gekocht
Pljeskavica – Hacksteak vom Grill
Risotto – in Brühe gequollener Reisbrei mit Beigaben wie Muscheln, Scampi oder Tintenfisch
Rožata – mit Karamellzucker überzogene Vanillecreme aus Eiern und Milch
Salata od hobotnice – Tintenfischsalat in pikanter Olivenölmarinade
Slane srdelje – Salzsardellen
Vitalac – Innereien vom Lamm, die in Darm gefüllt auf dem Grill geröstet werden

mit Schale serviert werden, die Sie selbst entfernen müssen. Üben Sie das zuerst mit gegrillten Scampi, und wagen Sie sich dann an die gekochen *skampi buzara* in einem leckeren Sud aus Wein, Tomaten und verschiedenen Gemüsesorten.

Für Verwirrung bei Touristen sorgt immer wieder der in den Speisekarten stehende Kilopreis. Das heißt natürlich nicht, dass Sie gleich 1 kg Fisch bestellen müssen; Ihnen wird die Portion, ca. 250 g, nach Gewicht berechnet. Die kleinen, äußerst schmackhaften Sardinen, frisch vom Grill, mariniert oder in Salz eingelegt, gelten als Arme-Leute-Essen und stehen deshalb nur in den Konobas und *gostionica* (Wirtshäusern) auf der Speisekarte.

Steaks vom Rind, Schwein und Lamm werden in Dalmatien traditionell auf dem Rost über dem offenen Holzkohlefeuer gegart. In den Konobas von Mittel- und Süddalmatien findet man noch eine besondere Spezialität: Fisch oder Fleisch, vorzugsweise vom Lamm, wird zusammen mit Kartoffeln und Gemüse unter einer mit Holzkohleglut überhäuften Metallglocke, der *peka*, aromaschonend gegart. Die Garzeit beträgt gut zwei Stunden. Deshalb sollten Sie immer vorbestellen.

Die Auswahl an Beilagen ist klein: Meist gibt es Salzkartoffeln und mit viel Knoblauch gewürzten Mangold oder Djuveč-Reis. Auch Pommes frites stehen auf jeder Karte. Die Dalmatiner essen am liebsten Weißbrot zu Fisch und Fleisch.

Der Wein, rot oder weiß, gehört zu jeder Mahlzeit. Für den Hausgebrauch keltern ihn die Bauern selbst.

Diesen sehr charakteristischen, bekömmlichen und dazu preiswerten Tischwein, *stolno vino,* sollten Sie probieren, obgleich er nicht den Anforderungen eines Qualitätsweins entspricht. Ihn gibt es auch in 0,7-Liter-Flaschen mit aufgedruckter Herkunftsbezeichnung.

Von der Halbinsel Pelješac kommen Kroatiens beste Rotweine

Neuerdings konkurrieren in ganz Kroatien junge Weinbauern, die die eigene Ernte zu Weinen von Spitzenqualität ausbauen. Alle diese trocken ausgebauten Weine haben einen hohen Alkoholgehalt von über 12 Prozent. Spitzenreiter ist der süße Dessertwein *prošek,* der über mehr als 16 Prozent Alkoholgehalt verfügt. Für die Freunde des Biers: Dalmatien hat mehrere eigene Brauereien, zudem wird überall Exportbier angeboten.

HONIG, LAVENDEL UND SALZ
Naturprodukte sind die schönsten Mitbringsel aus Dalmatien

> Ausgefallene oder wertvolle Souvenirs gibt es in Dalmatien leider wenig zu kaufen; noch dominieren das überall in europäischen Ferienregionen verbreitete Angebot sowie einfache Holzschnitzereien und bestickte Deckchen die Auslagen der Souvenirläden. Krawatten, Füllfederhalter und Kugelschreiber sind nur deshalb originelle Mitbringsel, weil sie hier in Kroatien erfunden wurden. Zurück zur Natur heißt deshalb die Devise, denn die Naturprodukte der einzelnen Regionen sind konkurrenzlos gut!

HONIG
Dalmatinische Kräuter und duftende Macchia sind ein richtiges Hexenlabor für Honigaromen: Von der Insel Hvar kommt Honig mit Lavendelgeschmack. Wie Öl wird Honig auf den Märkten und von den Erzeugern am Straßenrand verkauft.

LAVENDEL
Wenn auf Hvar die Lavendelfelder blühen, duftet die ganze Insel nach dem aromatischen, entspannenden und Motten abwehrenden Kraut. Lavendel in hübsch bestickten Säckchen oder en gros, als destilliertes Öl oder in Form von Seifen und Badezusätzen ist das wichtigste Souvenir dieser Region.

MUSIK
Sie werden sehen: Sobald Sie eines der klagenden, vielstimmig vorgetragenen dalmatinischen Lieder gehört haben, wird Sie diese sanfte, melancholische Musik nicht mehr loslassen. Mit einer CD eines der berühmten *klapa*-Chöre nehmen Sie ein bisschen dalmatinisches Lebensgefühl mit nach Hause.

OLIVENÖL
Häufig verkaufen Erzeuger ihr kalt gepresstes Öl am Straßenrand oder auf dem Markt. Manchmal verfeinern sie es mit Kräutern wie Rosmarin oder durch Beigabe von Knoblauch. Wo Sie wirklich reines Öl bekommen, erfahren Sie bei den Touristinformationen. Oder Sie kaufen es im Supermarkt: Öl der Marke „Zvijezda" gilt als besonders gut!

> EINKAUFEN

SALZ

Meersalz wird in Dalmatien von alters her mittels Verdunstung gewonnen und ist ein reines, überaus gesundes Naturprodukt: Über 75 Mineralien wurden z.B. in dem Salz nachgewiesen, das in den Salinen von Pag gewonnen wird. Grobes und feines Meersalz sowie auch die Salzblüte Fleur de Sel bekommen Sie in Supermärkten oder direkt bei den Salinen.

SCHMUCK

Filigranschmuck hat eine lange Tradition und wurde wahrscheinlich von den Osmanen übernommen. Die meisten heute erhältlichen Arbeiten aus Silber oder Gold sind nicht von besonders guter Qualität. Da sie aber recht preiswert angeboten werden, geben sie trotzdem ein nettes, landestypisches Mitbringsel ab.

SCHNAPS

Hier gilt: Vorsicht vor dem „Selbstgebrannten". Er wird zwar als besondere Spezialität angeboten, ist aber oft von minderer Qualität. Die grappaähnliche *lozovaca*, die aromatische *travarica* (Kräuterschnaps) oder den ganz selten erhältlichen, aus der Frucht des Johannisbrotbaums gebrauten *rogač* sollten Sie am besten im Fachhandel oder bei einem bekannten Produzenten erwerben.

SPITZEN

Die Insel Pag ist berühmt für die Feinheit ihrer Spitze, die von den Frauen mit viel Fleiß in Heimarbeit hergestellt wird. Viele verkaufen ihre Spitzendeckchen oder -servietten auf dem Markt oder vor dem Pager Spitzenmuseum zu durchaus stolzen Preisen.

WEIN

Rotweine von der Halbinsel Pelješac können sie in jedem Supermarkt erwerben. Viel mehr Spaß macht es natürlich, sie beim Winzer zu verkosten und dann auszuwählen. Entlang der Weinstraße von Pelješac bieten zahlreiche Betriebe Verkostungen an.

> VOM VELEBIT-GEBIRGE BIS ZUM VRANA-SEE

Vor dem schroffen Karst liegt die Speisekammer der kroatischen Küste

> Die Städte Zadar und Šibenik sind Hauptorte der beiden nördlichsten Regierungsbezirke Dalmatiens, in denen die ganze Vielfalt und Schönheit kroatischer Landschaften entlang der buchten- und inselreichen Küste vereint ist.

Im Norden des Festlands drängt sich das zur Wasserseite mit kahlem, ockerfarbenem Gestein steil aufragende Velebit-Gebirge eng an die Adria. Hier bahnen sich sprudelnd die Velika Paklenica und die Mala Paklenica ihren Weg zum Meer durch wilde, imposante Schluchten. Sie sind das Herzstück des Nationalparks Paklenica. Zwischen der unwirtlichen Hügellandschaft Bukovica und dem Küstenstreifen von Zadar bis Šibenik breiten sich auf der Hochfläche Ravni Kotari fruchtbare Äcker und saftige Wiesen aus.

Durch die unwirtliche, schwach besiedelte Zagora, die steinige, trockene Karsthochfläche im Hinterland,

Bild: Krka-Wasserfälle

REGION ZADAR

hat sich die Krka ihren Lauf gebahnt. In der schmalen Talniederung, durch die sich das Wasser der Krka seinen Weg sucht, gedeihen Flora und Fauna in üppiger Vielfalt.

Zahllose Inselchen und Riffe sind der Küste vorgelagert: im Norden die lang gestreckten Eilande Ugljan, Pašman und Dugi otok, vor Šibenik der Archipel der Kornaten, bestehend aus zumeist unbewohnten Robinson-Eilanden aus weißgrauem Gestein, um-

spült von der azurblauen Adria. Von Mai bis September kreuzen im attraktiven Wasserrevier von Šibenik die Segelboote und Motoryachten aus allen Teilen Europas. Die elf Marinas in den ehemaligen Fischerorten an der Küste können weit über 3000 Boote aufnehmen.

Der Unterlauf der Krka ist wie der Kornati-Archipel als Nationalpark ausgewiesen. Beide sind im Kapitel „Ausflüge & Touren" beschrieben.

Žut gehört zu den kleinen, meist unbewohnten Inseln des Kornati-Archipels

BIOGRADER RIVIERA

[125 D5] **Die Berge der vorgelagerten Insel Pašman schützen die waldreiche Festlandsküste am Pašmanski kanal vor heftigen Windböen vom offenen Meer.** Außerdem gilt die Biograder Riviera mit den Orten *Biograd na moru, Sv. Filip i Jakov* und *Pakoštane* von der Lage her als günstiger Ausgangspunkt für nautische Exkursionen in den Kornati-Archipel. Im sanft hügeligen, fruchtbaren Hinterland *Ravni Kotari* bietet der türkisfarbene, süßwasserhaltige Vrana-See *(Vransko jezero)* einen interessanten Landschaftskontrast zum azurblauen Wasser der Adria mit ihrer mediterranen Vegetation.

ORTE AN DER BIOGRADER RIVIERA

BIOGRAD NA MORU [125 D5]

Das Städtchen (6000 Ew.) ist mit seinen beiden Marinas (900 Liegeplätze) vor allem ein Treff der Skipper. Hier spinnen sie allabendlich in Kneipen, Tavernen und Restaurants reichlich Seemannsgarn. Aber auch Badeurlauber finden entsprechende Angebote. Neben der Pfarrkirche sitzt man bei *pršut* (luftgetrocknetem Schinken), gegrillten Sardinen und Wein ungemein idyllisch in der Konoba *In Vino Veritas (Ul. Kneza Domagoja │ €)*. Nachtschwärmer treffen sich in den Cafés entlang der Uferpromenade *Riva*, wo die ▶▶ *Lavender Bed Bar* im Hotel Adriatic mit ihren bequemen Chillout-Liegen und Lavendelduft absoluter Spitzenreiter bei den Party-People ist. Von den kürzlich renovierten, aus den 1970er-Jahren stammenden Hotels 🔊 *Kornati (102 Zi. │ Tel. 023/35 83 33 │ Fax 38 30 08 │ €€)* und 🔊 *Ilirija (166 Zi. │ Tel. 023/39 65 55 │ Fax 38 30 08 │ www.ilirija biograd.com │ €€)* sind es nur wenige Schritte zum Kieselsteinbadestrand, zum Zentrum des Orts oder zur mit Blumenrabatten und Palmen geschmückten Uferpromenade.

Bei einem Spaziergang über diese Promenade trifft man auf das *Stadtmuseum*, das einen sensationellen Fund birgt: die Ladung eines Handelsschiffs, das im 16. Jh. auf der Fahrt von Venedig nach Konstantinopel im Pašmanski kanal gesunken ist. Brillen in Lederfassungen, Rasiermesser, Nähnadeln, Herrenhemden und Wollmützen: Die Sammlung von Gegenständen des täglichen Bedarfs aus dieser Epoche gilt als eine der reichhaltigsten der Welt. Alle Exponate sind auch deutsch beschriftet *(Sommer Mo–Sa 9–12, 19–21 Uhr | an der Promenade | 10 Kuna)*.

Von Biograd tuckert die Autofähre bis zu achtmal täglich hinüber nach Tkon/Pašman. *Auskunft: Tourist Info Biograd na moru | Trg hrvatskih velikana 2 | Biograd na moru | Tel./Fax 023/38 31 23 | www.tzg-biograd.hr*

PAKOŠTANE   [125 D5]

Das Küstendorf (1800 Ew.), von Kiefernwald umgeben, liegt zwischen Meer und Vrana-See. Der kaum restaurierte alte Ortskern mit seinen winkligen Gassen, winzigen Plätzen, engen Höfen, teils leer stehenden, verfallenen Häusern ist deshalb interessant anzuschauen, weil er noch das originale Bild eines uralten dalmatinischen Fischerdorfs bietet. Ihn umgeben viele neue Einfamilienhäuser

inmitten gepflegter Gärten. Beliebt ist das Restaurant *Tri Ferala* mit Aal und Fröschen aus dem Vrana-See *(Ivana Meštrovića 9 | Tel. 023/38 11 07 | www.tri-ferala.biz | €€)*.

Von Pakoštane können Sie zur kleinen, noch sehr ursprünglichen Insel *Vrgada* übersetzen. Unterkünfte bei Privatvermietern. *Auskunft: Tourist Info | Pakoštane | Tel. 023/38 18 92 | Fax 38 16 08 | www.pakostane.hr*

SV. FILIP I JAKOV   [125 D5]

Beschaulich und familiär, das sind die Merkmale des sympathischen Orts (1500 Ew.) mit flach abfallenden Kieselstränden. Zur unbewohnten, wenig besuchten Badeinsel *Babac* können Sie sich mit dem Taxiboot übersetzen lassen. 1,5 km ins Landesinnere, an einem malerischen Platz, steht einsam im Feld die *Kirche Sv. Roko* (11. Jh.), letzte Erinnerung an die große mittelalterliche Benediktinerabtei Rogovo. Deren Brüder gründeten einst Sv. Filip i Jakov als ihren Versorgungshafen. Alljährlich wird am 16. Aug. um die Kirche

MARCO POLO HIGHLIGHTS

⭐ **Panoramastraße**
Inselstraße auf Dugi otok mit wunderschönen Ausblicken aufs Meer (Seite 34)

⭐ **Telašćica-Naturpark**
Tief dringt das Meer in den bizarren Karst (Seite 36)

⭐ **Altstadt Šibenik**
Historische Gemäuer unter Denkmalschutz (Seite 37)

⭐ **Kathedrale Sv. Jakov**
Porträtköpfe und Tonnengewölbe in Šibenik (Seite 38)

⭐ **Primošten**
Um das Inselstädtchen wachsen die Trauben für Spitzenweine, die man in den Tavernen probieren kann (Seite 40)

⭐ **Altstadt Zadar**
Mediterranes Leben in kulturhistorischer Schatzkammer (Seite 44)

Insider Tipp

herum das <mark>Fest des Sv. Roko</mark> gefeiert. Unterkunft bietet der einfache, schön am Meer gelegene Campingplatz *Dardin (200 Stellplätze | Tel. 023/38 89 60 | Fax 38 86 07)*. *Auskunft: Tourist Info | Kuntrata | Sveti Filip i Jakov | Tel./Fax 023/38 90 71 | www.sv-filipjakov.hr*

VRANA UND VRANA-SEE
(VRANSKO JEZERO)   [125 D5]

Aus der Ortschaft mit den Überresten der Burg Vrana und der Karawanserei *Maškovica Han*, einem in Dalmatien seltenen Beispiel osmanischer Baukunst, windet sich die Straße in Richtung Benkovac aus der Ebene hinauf zum Hochplateau. ⚊⚊ Vom Rand der Hochebene eröffnet sich ein weiter Blick über den türkisgrünen, von einem Schilfgürtel umrahmten *Vransko jezero*, seit 1999 Naturpark *(Eintritt 20 Kuna | www.vransko-jezero.hr)*. Im fischreichen Süßwasser des gut 10 km langen und bis zu 4 km breiten Sees leben Aale, Welse, Hechte und Karpfen.

Das nordwestliche Ufer ist ornithologisches Reservat. Im breiten Schilfgürtel finden über 240 Vogelarten, unter ihnen Zwergscharben, Rohrweihen, Rohrsänger, Purpur-, Seiden- und Silberreiher, Nahrung und Schutz. Eine Tageslizenz zum Angeln *(70 Kuna)* sowie Angelzubehör erhalten Sie auf dem Campingplatz *Ckrvine (Tel. 023/63 61 93)* am Nordufer. Wer nicht auf sein eigenes Anglerglück vertrauen will, der findet hier das rustikale Restaurant *Vransko Jezero*, das die Fische aus dem Vrana-See sehr schmackhaft zubereitet *(Tel. 023/63 61 93 | €)*.

DUGI OTOK (INSEL)

[124 B–C4–5] Dugi otok (2400 Ew.), auf Deutsch: die lange Insel, liegt am Außenrand des Norddalmatinischen Archipels. Von der Nord- bis zur Südspitze erstreckt sie sich über 52 km mit einer Breite von 1 bis 4 km. Ihr Norden ist waldreich und grün. Der Süden mit der Inselhauptstadt *Sali* (600 Ew.) und dem *Naturpark Telašćica* ist verkarstet, ähnlich wie die Inselchen des benachbarten Kornati-Nationalparks.

⚊⚊ Von Sali schlängelt sich eine gut ausgebaute Asphaltstraße, die alle 14 Inselorte und Weiler verbindet, bis ins Dörfchen *Božava* ganz im Norden von Dugi otok. Allein wegen dieser ⭐ *Panoramastraße*, von der sich herrliche Ausblicke einerseits auf die Inseln zwischen dem Festland und Dugi otok und andererseits über das offene Meer eröffnen, lohnt es sich, das Auto auch nur für einen Tagesausflug vom Festland mitzunehmen. Märchenhaft sehen die verträumten Dörfer aus der Ferne aus.

Doch wo Urlauber nur selten hinkommen, stehen viele der Häuser leer oder werden fast nur noch von alten Menschen bewohnt. Deren Kinder, in alle Welt verstreut, leben längst dort, wo ein sicherer Broterwerb die Existenz garantiert.

Der Tourismus ist auf Dugi otok (124 km²) längst noch nicht so entwickelt wie auf den anderen dalmatinischen Inseln dieser Größenordnung. Und darin liegt der große Reiz für all jene, die den persönlichen

Kontakt zu Fischern und Bauern suchen und urwüchsige Natur lieben – mit Trampelpfaden, die an einsam gelegene Strände führen. Es ist darum nicht verwunderlich, dass Dugi otok so viele Freunde unter Individualtouristen, Seglern und Tauchern gefunden hat.

■ ORTE AUF DUGI OTOK ■

BOŽAVA [124 B4]

Der kleine, malerische Ort (160 Ew.) in einer windgeschützten Hafenbucht ist das touristische Zentrum von Dugi otok, denn wenige Gehminuten entfernt versteckt sich die mit fünf Wohngebäuden größte und kürzlich renovierte ✳ ⌇ Hotelanlage der Insel in einem dichten Kiefernwald *(Hotels Božava | 103 Zi., 18 Apt. | Tel. 023/29 12 91 | Fax 37 76 82 | www. hoteli-bozava.hr | €€–€€€)*. Von hier hat man den schönsten Blick auf die Bucht, in der abends die Segelyachten ankern. In der Tauchschule *Božava (Tel. 023/31 88 91 | www.bozava.de)* können Sie mit deutschsprachigen Begleitern Tauchexkursionen buchen.

3 km entfernt liegt die naturbelassene, seichte **Bucht** *Sakarun* mit ihrem Sandstrand, ein idealer Bade- und Spielplatz besonders für kleinere Kinder. Sonnenschirme, Liegen und Proviant müssen Sie allerdings selbst mitbringen.

Am Ende der Straße markiert der 45 m hohe *Leuchtturm Veli rat* schon seit 1849 die nordwestliche Spitze der Insel Dugi otok, umgeben von urwüchsigem Kiefernwald und schönen Badeplätzen. Im Leuchtturm werden **zwei Apartments** an Feriengäste vermietet. *Auskunft: Tourist Info in Sali (www.dugiotok.hr)* und *Kroatische*

Zentrale für Tourismus (siehe „Praktische Hinweise")

SALI [124 C5]

Von den Salinen, aus denen hier früher das kostbare Meersalz gewonnen wurde, hat Sali, heute Wirtschafts- und

Dugi otok hat auch eine ansehnliche Steilküste zu bieten

Verwaltungszentrum von Dugi otok, seinen Namen. Seit über tausend Jahren bewahrt der größte Ort der Insel die Fischereitradition. Das belegt eine Urkunde aus der Zeit um 990. Die gotische Pfarrkirche *Sv. Marija* wurde im 15. Jh. dort errichtet, wo vormals ein frühmittelalterliches Kirchlein stand. Reste von Flechtornamenten und der große Holzaltar sind noch erhalten geblieben *(nur zur Messe geöffnet)*. Immer am Anfang des Monats August feiert Sali sein

Ortsfest *Salijske užanske* traditionell mit einem Eselrennen.

Urlauber, Bootstouristen und Taucher nutzen Sali gern als Ausgangspunkt für Touren in den Telašćica-Naturpark und zum Kornati-Archipel. Im Ort gibt es drei Tauchschulen, eine kroatische, eine italienische und eine deutsche. Das *Hotel Sali*, leicht erhöht über dem Meer, liegt gut 5 Minuten vom Zentrum entfernt *(52 Zi. | Tel. 023/37 70 49 | Fax 37 70 78 | www.hotel-sali.hr | €€)*.

TELAŠĆICA-NATURPARK ⭐ [124 C5]
Ein Besuch des Naturparks mit der ca. 8 km langen Bucht Telašćica am Ende der Insel lohnt sich. Telašćica besitzt den sichersten und größten Naturhafen der Adria vor einer grandiosen Kulisse aus steilen, zerklüfteten Felsenbergen. An der Westküste ragt das 146 m hohe *Kliff Grpašćak* spektakulär aus dem Meer, das über

---

>LOW BUDGET

> Die *Jugendherberge* von Zadar liegt nicht weit von der Altstadt entfernt im Stadtteil Ljepotica *(300 Betten Obala kneza Branimira 10a | Tel. 023/22 48 40 | Fax 21 34 90 | djacki-dom@zd.htnet.hr | nur Juli/ Aug. geöffnet)*.

> Schickes, modernes Ambiente und preiswertes, gutes Essen finden Sie in Zadars neuem Selbstbedienungsrestaurant *Barbakan (Tel. 023/ 30 09 78 | €)* in der ehemaligen Zitadelle.

---

einen Pfad von der Bucht Mir, die auch von Ausflugsschiffen angelaufen wird, gut zu erreichen ist. Das Wasser im nur fünf Gehminuten entfernten *Salzsee* ist im Sommer 6 Grad wärmer als das Meer. *Eintritt 60 Kuna für einen Tag | www.telascica.hr*

■ SCHIFFSVERBINDUNGEN ■
Mit der Autofähre kommen Sie von *Zadar* nach *Brbinj;* täglich fährt auch ein Tragflügelboot von *Zadar* nach *Sali*. Infos unter *www.jadrolinija.hr*

■ AUSKUNFT
TOURIST INFO
Sali | Tel./Fax 023/37 70 94 | www. dugiotok.hr

ŠIBENIK

[126 B2] **Bevor die Krka ihr Wasser auf den letzten 5 km durch einen schmalen, kanalartigen Durchbruch ins Meer schiebt, weitet sie sich noch einmal zu einem See.** In diesen natürlich geschützten Schlupfwinkel bauten die eingewanderten Kroaten ab dem 9. Jh. ihre Festung auf den Platz, auf dem schon in früherer Zeit ein illyrisches Kastell stand. Schon bald siedelten sich zu Füßen des 70 m hohen Kalkfelsens auch Seeleute und Piraten, Fischer und Bauern an. Aus dieser Urzelle ist das heutige Šibenik (40000 Ew.) erwachsen. Seit 2000 steht der Altstadtkern als Welterbe in der Liste der Unesco. Die Kaskaden der Krka nördlich der Stadt schmücken einen der schönsten Nationalparks Kroatiens. Šibeniks Feriengebiet liegt 6 km außerhalb vom Zentrum am Meer.

■ SEHENSWERTES ■

ALTSTADT ⭐

Von der Uferpromenade führt ein Treppenweg durch das *Seetor* hinauf zum *Trg Republike Hrvatske* (Platz der Republik Kroatien) mit der Kathedrale *Sv. Jakov.* Der *Rektorenpalast* (14.–16. Jh.) neben der Basilika, reizvollen *Foscolo-Palast* (15. Jh.), dessen Fassade spätgotische Fenster schmücken. Ähnlich schöne Paläste verstecken sich noch viele in den winkeligen Gassen, die zur Festungsruine *Sv. Mihovil* (hl. Michael) hinaufführen. ☀ Ein Weg, der sich lohnt, denn man hat von hier einen

Von der Festung Sv. Mihovil hat man den besten Blick auf Šibenik

der einige antike Funde birgt, wird jetzt nur für wechselnde Ausstellungen genutzt (deshalb keine festen Öffnungszeiten). In der zweigeschossigen, mit Arkadenreihen ausgestatteten *Stadtloggia* gegenüber ist das Rathaus untergebracht. Während des Zweiten Weltkriegs wurde die Loggia total zerstört und später originalgetreu wieder aufgebaut. Über die Treppe an ihrer linken Seite kommen Sie zum weiten Blick über die dicht gedrängten roten Ziegeldächer der Stadt bis ins grüne Tal der Krka.

BUNARI

Die 500 Jahre alten Brunnenkammern unter dem Hauptplatz beherbergen ein originelles, interaktives Museum. *Auskunft über die Öffnungszeiten erhalten Sie bei der Touristinformation*

KATHEDRALE SV. JAKOV ⭐

Dieses grandiose Bauwerk wurde von 1431 bis 1555 errichtet – das erklärt das Gemisch von Stilelementen der Gotik und der Renaissance. Für die damalige Zeit statisch einzigartig ist die Dachkonstruktion: ein Tonnengewölbe aus freitragenden, gegeneinander gestellten Steinplatten über Hauptschiff, Seitenschiff, Apsiden und Kuppel. Um die Außenwand der Apsiden ist in Augenhöhe des Betrachters ein Fries mit über 70 steinernen Porträtköpfen angelegt: Bürger, Bauern, Fischer, hohe Herren, Frauen, Kinder, alles Zeitgenossen des großen Baumeisters und Bildhauers Juraj Dalmatinac (Anfang des 15. Jhs. geboren und 1473 verstorben in Šibenik). Auch das kunstvoll gestaltete Baptisterium mit dem Taufbecken ist vorwiegend ihm zugeschrieben. *April–Sept. 8.30–20, Okt. bis März 8.30–12, 16–18.30 Uhr | Eintritt 10 Kuna*

Vor dem Hauptportal steht das *Dalmatinac-Denkmal*, geschaffen vom wohl berühmtesten kroatischen Bildhauer der Neuzeit, Ivan Meštrović.

■ ESSEN & TRINKEN

In den Gassen der Altstadt gibt es eine Reihe von Kneipen und Cafés, im Sommer oft mit nur wenigen freien Plätzen.

GRADSKA VIJEĆNICA

Šibeniks Terrasse mit der romantischsten Kulisse: Das Restaurant in den Loggia-Arkaden punktet nicht nur mit Flair, sondern auch mit anspruchsvoller, stets frischer Fischküche. *Trg Republike Hrvatske 3 | Tel. 022/21 36 05 | €€*

TINEL

Einfachere Gerichte wie *pašticada* oder Gulasch für den schmaleren Geldbeutel, aber auch guter (und teurerer) Fisch und Meeresfrüchte. *Trg Pučkih Kapetana | Tel. 023/33 18 15 | € – €€*

■ ÜBERNACHTEN

SOLARIS HOLIDAY RESORT

Die weiträumige Ferienanlage auf einer grünen Halbinsel (6 km außerhalb des Stadtzentrums) besteht aus mehreren 3-Sterne-Hotels, Apartmentvillen und dem modernen Freizeitbad *Aqualand*, dem auch ein Wellnesscenter (Thalassotherapie, diverse Massage- und Kosmetikprogramme) angeschlossen ist. Mit Sportangeboten wie Aqua-Aerobic, Tennis, Fußball und Trimmpfad kommen auch Aktive auf ihre Kosten. ⌇ *Hotelsko naselje Solaris | Tel. 022/36 10 01 | Fax 36 18 01 | www.solaris.hr | €€*

■ AM ABEND

Wenn der in Šibenik geborene DJ Sasha Gardijan im *Cohiba* auflegt, ist das Techno-Vergnügen perfekt *(Stube Petra Kaera | Altstadt)*. Ins ▶▶ *Indigo* geht die Community, um auf drei mit Sofas und Kissen drapierten Etagen eines Altstadthauses zu loungen und gesehen zu werden *(Jurja Barakovića 4)*.

■ SCHIFFSVERBINDUNGEN

Personenfähre ab *Šibenik* und *Vodice* mit bis zu fünf Abfahrten täglich nach *Zlarin* und *Prvić;* ab *Šibenik* bis zu dreimal täglich nach *Obonjan, Kaprije* und *Žirje;* ab *Brodarica* mehrmals täglich nach *Krapanj.*

Hauptmerkmal der Kathedrale Sv. Jakov ist das freitragende Tonnengewölbe des Hauptschiffs

■ AUSKUNFT ■

TOURIST INFO
Obala Dr. Franje Tuđmana 5 | Tel. 022/21 44 11 | Fax 21 42 66 | www. sibenik-tourism.hr

■ ZIELE IN DER UMGEBUNG ■

BRODARICA [126 B2]
In den kleinen Ort 6 km südlich von Šibenik, gegenüber der Insel Krapanj, kommen die Städter gern zum Abendessen. Beliebt ist das Restaurant 🔊 *Zlatna ribica* wegen seines Fischeintopfs *(brodet)*, auf dalmatinische Art mit Polenta, also Maisbrei, serviert *(Krapanjskih spužvara 46 | Tel. 022/35 06 95 | €€). Auskunft: Tourist Info | Krapanj-Brodarica | Tel. 022/ 35 06 12 | Fax 35 09 53 | www.tz-brodarica.hr*

KAMENJARKA 🌼 [125 D5]
Von Pirovac auf dem Festland gegenüber Murter führt ein Sträßchen landeinwärts und bergauf nach Stankovci; kurz davor zweigt in *Banjovci* eine Schotterstraße zum rund 2 km entfernten „Belvedere Kamenjarka" ab. Dort angekommen erleben Sie eines der schönsten Adriapanoramen, den Blick auf den Vrana-See und den Kornati-Archipel *(Zutritt 20 Kuna). 26 km nordwestlich*

MURTER [126 A2]
Eine Drehbrücke im Örtchen *Tisno* verbindet die 19 km² große Insel (5000 Ew.) mit dem Festland. Murter ist ein grünes Eiland mit Feldern, Obst- und Weinanbau sowie vielen schönen Badebuchten, aber ohne nennenswerte kulturelle Sehenswürdigkeiten. Alle Inselortschaften *(Murter, Betina* und *Jezera)* haben eine Marina. Das macht Murter zu einer wichtigen Basis für Skipper. Außerdem gibt es eine Reihe Ferienhäuser und mehrere Campingplätze.

ŠIBENIK

Zur Festlandseite, in der Nähe des Orts Jezera, liegt die Ferienanlage *Lovišća* in einer weiten Kieselstrandbucht *(Camping und 83 Apts. | Tel. 022/43 96 00 | Fax 43 92 15 | www. jezera-kornati.hr)*. Der nicht weit entfernte, schattige Campingplatz *Slanica* gehört mit nur 100 Stellplätzen zu den übersichtlicheren Anlagen; man kann Boote, Fahrräder und Roller mieten *(Podvrsak b.b. | Tel. 022/ 785 80 49 | Fax 43 59 11 | www. murter-slanica.hr)*.

Kühl und modern gestaltet ist das Zehn-Zimmer-Hotel *Stomorin* in der Marina Hramina in Murter *(Tel. 022/43 44 11 | Fax 43 52 42 | www. marina-hramina.hr | €€)*. Auf der Terrasse des Restaurants *Zminjak* auf der Murter vorgelagerten Insel gibt's aromatisch gegrillten Fisch zum romantischen Sonnenuntergang *(nur Mai–Sept. | €€)*. Auskunft: Tourist Info | Rudina | Murter | Tel. 022/ 43 49 95 | Fax 43 49 50 | www.tzo-murter.hr. 25 km westlich

PRIMOŠTEN ⭐ [126 B3]

Der alte, malerische Teil des Fischerdorfs (1500 Ew.) lag früher auf einer kleinen Insel, die jetzt über einen Damm mit dem Festland verbunden ist. Auf den nahe gelegenen Rebhängen wächst der *babić*, ein dalmatinischer Spitzenwein. Im Sommer wird es eng im Ort mit den vielen Souvenirläden, Tavernen und Cafébars, denn auch für die Einheimischen ist Primošten ein beliebtes Ausflugsziel.

Empfehlenswert ist die gemütliche *Taverna Dalmacija*, in der grüne Nudeln mit Meeresfrüchten vorzüglich zubereitet werden *(Put Murve 15 | Tel. 098/266287 | €€)*. Nachtschwärmer amüsieren sich in Dalmatiens größter Disko *Aurora (3 km im Hinterland)*. Wenige Gehminuten abseits des Orts liegt die frisch renovierte

Blick vom Festland hinüber auf das Inselchen mit dem Bilderbuchörtchen Primošten

🎵 4-Sterne-Anlage *Zora* mit großem Freizeitangebot traumhaft schön auf einer bewaldeten Halbinsel *(327 Zi. | Tel. 022/57 00 48 | Fax 57 11 20 | www.zora-hotel.com | €€–€€€). Auskunft: Tourist Info | Trg biskupa Josipa Arnerića 2 | Primošten | Tel. 022/57 11 61 | Fax 57 17 03 | www.tz-primosten.hr. 30 km südlich*

ŠIBENIK-INSELREGION [126 A2–3]

Die Inselregion Šibenik *(Šibensko-Kninska Županija)* zählt für sich nur zehn Inselgemeinden, denn von den etwa 250 Eilanden und Felsenriffen im Archipel sind die meisten unbewohnt – ein faszinierendes Revier für Segler. Aber auch mit Ausflugsbooten kann man die Inseln erkunden. In geringer Anzahl werden Unterkünfte von Privatvermietern angeboten, z. B. auf den Inseln *Prvić, Kaprije, Žirje, Zlarin* und *Krapanj.* Früher waren hier Schwammernte und Korallenfischerei die Haupteinnahmequellen.

Die Geschichte dieser einst sehr erfolgreichen Industriezweige wird im *Franziskanerkloster* auf Krapanj *(Schwammproduktion | Sommer tgl. 10–12, 17–19 Uhr, Winter auf Anfrage)* und im *Heimatmuseum* auf Zlarin *(Korallenausstellung | im Sommer tgl. 8–20 Uhr | 8 Kuna)* dokumentiert.

Taucher finden um Krapanj herrlich klare, artenreiche Gewässer und im komfortablen Hotel *Spongiola* eine perfekte Basis für ihren Sport, denn der Eigentümer ist selbst ein passionierter Taucher und hat in seinem Hotel sogar ein kleines Tauchmuseum eingerichtet *(18 Zi., 5 Apt. | Obala I | Krapanj | Tel. 022/34 89 00 | Fax 34 89 03 | www.spongiola.com | €€€).*

VODICE [126 A2]

Das einstige Fischerdorf (4000 Ew.) ist inzwischen ein betriebsamer Ferienort mit einer autofreien Uferstraße am Hafenbecken. Hier und in der Altstadt stehen dicht nebeneinander Kneipen, Gaststätten und Souvenirstände. Beliebte Treffpunkte sind die Cafés *Mulineto* und *Marinero.* Mehrmals täglich legt das Linienschiff zu den Inseln Prvić, Zlarin und nach Šibenik ab. Für Bootstouristen ist die 🎵 Marina ein beliebter Standort in unmittelbarer Nähe zum Archipel von Šibenik.

Unterkunft in Hotels und Privatquartieren. Direkt am Strand steht das private *Hotel Kristina (20 Zi. | Tel. 022/44 41 73 | Fax 44 04 73 | www. hotel-kristina.hr | €€). Auskunft: Tourist Info | Ive Cota 1 a | Vodice | Tel./ Fax 022/44 38 88 | www.vodice.hr. 10 km westlich*

UGLJAN UND PAŠMAN (INSELN)

[124–125 B–D4–5] Für die Bewohner von Zadar sind die vom Festland 3 bis 5 km entfernten Inseln *Ugljan* und *Pašman* Ziele für den Wochenendausflug. Insulaner pendeln täglich mit der Fähre (etwa 30 Minuten Überfahrt) zu Arbeitsplätzen und höheren Schulen in die Bezirkshauptstadt. Ursprünglich waren Ugljan und Pašman miteinander verbunden. Im Jahr 1883 hat man die schmale Meerenge Ždrelac dann schiffbar gemacht. Seit 1973 überspannt eine Brücke den Kanal, die beide Inseln jetzt wieder verbindet.

■ ORTE AUF UGLJAN ■

Wegen der günstigen Verbindung zum Festland ist Ugljan (51 km²) mit gut 7000 Ew. eine der am dichtesten besiedelten dalmatinischen Inseln. Alle insgesamt sieben Ortschaften liegen an der Ostseite, dem Festland zugewandt. Die gebirgige Westküste ist schroff und schwer zugänglich. Der Norden fällt hingegen sanft zum Meer ab.

Auffallend in der Inselvegetation sind die vielen silbrig glänzenden Olivenbäume, insgesamt sollen es mehr als 100000 sein. Mit der Olivenölproduktion setzt Ugljan eine Tradition fort, für die die Insel schon zu Römerzeiten bekannt war. Vom späten November bis in den Februar werden die reifen Oliven gepflückt. Olivenöl von Ugljan – die beste Qualität ist nach uraltem Verfahren kalt gepresst – wird auch auf dem Markt in Zadar verkauft.

KUKLJICA [124 C5]

Das Fischerdorf (600 Ew.) liegt in einer Bucht im Süden von Ugljan. An nördlichen Ausgang der Bucht ist die einfache Ferienanlage *Zelena punta* auf eine bewaldete Landzunge gebaut *(120 Zi., 124 Apts. | Tel. 023/ 37 33 37 | Fax 37 35 45 | www.coning-turizam.com | €)*. Beliebtes Fischlokal ist die Konoba *Kod Barba Tome (Tel. 023/37 33 23 | €€)* mit einer originellen „Bootsbar". Alljährlich Anfang August feiert man hier das *Fest der Schneemadonna* mit Prozession und Fischerbootkonvoi zur Kirche *Gospa od sniga* in der Bucht von Ždrelac.

Kukljica ist stolz auf seine neue Marina mit 150 Plätzen und die Segelschule mit Lehrern vom Segelclub Zadar. Wanderwege führen in die idyllischen Badebuchten *Kunćabok, Mali, Veli Sabuša* (Sandstrand) und *Jelenica* (auch FKK). *Auskunft: Tourist Info | Kukljica | Tel. 023/*

> BLOGS & PODCASTS
Gute Tagebücher und Files im Internet

> **www.croatia-blog.net** – Blogs und Podcasts rund ums Reisen in Kroatien, viele Erfahrungsberichte, praktische Reisetipps, aber auch Foren zu Politik, Wirtschaft und Sport

> **http://kroatien-blog.kroatien-tipps.de** – Zahlreiche Beiträge zu Dalmatien, von Politik über Kulinarisches bis hin zu Campingplatzbewertungen

> **http://www.traumhaftes-kroatien.de/blog** – Touristik-Blog, in dem vor allem Reiseveranstalter neue Infos

platzieren; dank der teils kritischen, teils unterhaltsamen Kommentare lesenswert

> **www.podcastdirectory.com** – U. a. Podcasts zu Kroatien; politische und kulturelle Themen

> **www.lonelyplanet.com/podcasts** – Podcast zu Reisethemen: Reiseimpressionen und -tipps

> **www.multikulti.de** – „Multikulti"-Podcasts, das heißt zu Themen rund ums Mittelmeer mit interessanten Beiträgen auch über Kroatien

Für den Inhalt der Blogs & Podcasts übernimmt die MARCO POLO Redaktion keine Verantwortung.

Preko zu Füßen schaut man bis Zadar

37 32 76 | Fax 37 38 42 | *www.ku kljica.hr*

PREKO [124 C4]

Preko liegt direkt gegenüber von Zadar. Hier legt die Autofähre vom Festland an. Cafébars, Restaurants und Läden verleihen dem Ort einen Hauch von städtischer Atmosphäre. Der Stadtstrand von Preko, Jaz, ist längst nicht so attraktiv wie die vorgelagerte kleine grüne Insel *Galevac-Školjić* mit ihren Kieselbuchten. Auf der Insel gibt es auch ein Franziskanerkloster, das der Öffentlichkeit aber nicht zugänglich ist. Oberhalb von Preko liegt die ☀ *Festung Sv. Mihovil* (13. Jh.). Der Fußmarsch von Preko aus, der etwa eine Stunde dauert, lohnt sich. Oben angekommen, eröffnet sich ein herrlicher Panoramablick. *Auskunft: Tourist Info | Preko | Tel. 023/28 61 08 | Fax 28 68 38 | www.preko.hr*

UGLJAN (ORT) [124 C4]

Ugljan besteht aus mehreren Ortsteilen. Selten überfüllt und besonders schön gelegen sind die Badestrände von *Muline*, denn man hat von hier gleich eine ganze Anzahl kleinerer und größerer Inseln im Blickfeld. In Privathäusern werden Zimmer und Apartments vermietet. *Auskunft: Tourist Info | Ugljan | Tel./Fax 023/ 28 80 11 | www.ugljan.hr*

■ ORTE AUF PAŠMAN

Ähnlich wie auf Ugljan sieht es auf der mit knapp 60 km² etwas größeren, aber schwächer besiedelten Schwesterinsel Pašman (3100 Ew.) aus. Auch hier führen von der einzigen Straße, die alle Inselorte am Ostufer verbindet, nur Wege und Pfade über das schroffe Inselgebirge zu den schönen Buchten auf der Westseite. Über den Gebirgsrücken zieht sich ein 29 km langer ☀ Panoramawanderweg von der Brücke nach Ugljan bis nach Tkon. Pašman wirkt noch ländlicher als Ugljan. Mit dem Gemüse, das rund um die Dörfer üppig auf den Feldern wächst, beliefern die Bauern den Markt von Zadar. Auf Pašman gibt es zwar kein Hotel, aber einige Privatpensionen und viele Apartments sowie Privatzimmer und Campingplätze.

Insider Tipp

KRAJ [125 D5]

Am Rand der Ortschaft Kraj auf Pašman steht das Franziskanerkloster *Sv. Dujam u Kraju* (14. Jh.) inmitten grüner Felder. Sehenswert sind Renaissancekreuzgang, Bibliothek und die Barockbilder von Heiligen im Refektorium. *Mo–Fr 16–18 Uhr*

PAŠMAN (ORT) [124 C5]

Selbst der Hauptort der Insel hat nur 300 Ew. Privatzimmer mit Frühstück vermietet *Sobe Bobić*, direkt am Wasser gelegen. Interessierten Gästen zeigen die Inhaber persönlich ihre grüne Insel *(4 Zi. | Tel./Fax 023/ 26 01 11 | €)*. Nebenan, im Restaurant *Lanterna*, werden Gemüse und Salat aus dem eigenen Garten zubereitet *(Tel. 023/26 04 06 | €€). Auskunft: Tourist Info | Pašman | Tel./Fax 023/26 01 55 | www.pasman.hr*

TKON [125 D5]

Mehrmals täglich legt die Autofähre vom Festlandshafen Biograd na moru in Tkon an. Etwa 2 km in Richtung des Orts Pašman zweigt der Weg zum *Benediktinerkloster Sv. Kuzma i Damjan* (12. Jh.) auf dem Berg ćokovac ab. Die Abtei war jahrhundertelang Schule der slawischen Liturgie und der glagolitischen (altslawischen) Literatur. Das Portal der gotischen Kirche trägt glagolitische Inschriften, in den Kapitellen verstecken sich steinerne Menschenköpfe. Aus dem 14. Jh. stammt das bemalte Holzkreuz über dem Altar. Ein interessantes Bildnis, das die Liebe über den Schmerz stellt. Mönche erläutern die Symbolik den Besuchern. *Mo–Sa 16–18 Uhr | Eintritt frei (Spende willkommen)*

■ SCHIFFSVERBINDUNGEN ■

Autofähre *Zadar–Preko/Ugljan* tagsüber täglich etwa jede Stunde; Autofähre *Biograd–Tkon/Pašman* in der Saison acht Abfahrten täglich.

ZADAR

 KARTE IN DER HINTEREN UMSCHLAGKLAPPE

[124 C4] Als lebhafte Hafen- und Handelsstadt, als Zentrum von Wirtschaft, Verkehr und Kultur, als Verwaltungssitz des Regierungsbezirks ist Zadar (80 000 Ew.) die Metropole Norddalmatiens. Die bedeutenden Sehenswürdigkeiten Zadars, Hinterlassenschaften aus über drei Jahrtausenden Stadtgeschichte, liegen allesamt auf der 1 km langen, knapp 500 m breiten Halbinsel mit dem autofreien Altstadtkern. An ihrer Hafenseite legen die Fährschiffe an. Mediterrane Gelassenheit bestimmt das Flair, besonders in den Abendstunden, wenn sich die jungen Leute an der Meeresorgel treffen, um untermalt von ihren sanften Tönen den angeblich schönsten Sonnenuntergang der Adria auf sich wirken zu lassen, bevor es zum Corso in die Altstadt geht. Gönnen Sie sich beim Bummel durch die engen, mit Steinplatten ausgelegten Gassen Pausen, um die von einer wechselvollen Geschichte und Kunst geprägte Atmosphäre zu genießen. Klimatisch gesehen liegt Zadar an günstiger Stelle, denn der Schönwetterwind Maestral führt der Stadt in den heißen Sommermonaten tagsüber erfrischende Luft zu.

■ SEHENSWERTES ■
ALTSTADT ⭐

Am Hafen und am Übergang zum Festland verläuft noch die *Stadtmauer* aus dem späten Mittelalter. Das *Landtor* (Porta Terraferma, 16. Jh.), ein Werk des Venezianers Michele Sanmicheli, gilt als das bedeutendste Renaissancebauwerk in

Zadar. Durch das Tor geradeaus führt die Straße zum *Zeleni trg*, der zum *Römischen Forum* gehört. Die hier sichtbaren Reste des Forums, darunter eine 14 m hohe Säule mit Flechtornamenten, die vom Mittelalter bis 1840 als Schandpfahl diente, sind erst 1946 beim Abtragen zerbombter Wohnhäuser entdeckt worden.

der sechs Jahre später Dalmatien für 100 000 Dukaten an Venedig verkaufte.

ARCHÄOLOGISCHES MUSEUM (ARHEOLOŠKI MUZEJ)

In einem Neubau am römischen Forum werden die Funde aus den Zeiten der Illyrer, Griechen und Rö-

Der Markuslöwe wacht über Zadar: Detail des Landtors (Kopnena Vrata)

Spätestens in der *Široka Ulica*, der Haupteinkaufsstraße, die vom Trg Sv. Stošije auf den Narodni trg führt, wird klar, dass die Altstadt von Zadar ein lebendiges Freilichtmuseum ist. Zuvor lohnt sich ein kleiner Abstecher in Richtung Seetor an der Hafenseite, zur schönen romanischen Kirche *Sv. Krševan* (12. Jh.). In ihr wurde jener Ladislaus von Neapel 1403 zum ungarisch-kroatischen König gekrönt,

mer in und um Zadar sowie einzigartige altkroatische Exponate aus dem 8. und 9. Jh. gezeigt. *Sommer Mo–Fr 9–13, 17–20, Sa 9–13, Winter tgl. 9–13 Uhr | 10 Kuna*

GOLD UND SILBER VON ZADAR (ZLATO I SREBRO ZADAR)

Gegenüber von Sv. Donat zeigt das *Benediktinerinnenkloster* seine einzigartige Sammlung von sakralen

Kunstschmiedearbeiten, das berühmte „Gold und Silber von Zadar". *Sommer Mo–Sa 10–13, 18–20, So 10 bis 13, Winter Mo–Sa 10–13 Uhr | 20 Kuna*

MEERESORGEL (MORSKE ORGULJE)

Die Natur selbst komponiert und spielt eine endlose Symphonie auf der weltweit einzigen Meeresorgel. Ihr Erfinder ist der Architekt Nicola Bašić aus Zadar. Mithilfe von Musikern und Orgelbauern hat er im April 2005 seine grandiose Idee an der Riva erfolgreich umgesetzt: Über 70 m verteilen sich 35 Röhren aus Polyethylen auf sieben Sektionen, die mit der Kraft des Meeres einen konzertanten Melodienreigen produzieren. Das preisgekrönte Projekt wurde um eine neue Attraktion bereichert. Bašić hat eine Scheibe entworfen, die tagsüber als Sonnenkollektor fungiert und nachts ein geheimnisvolles Licht aussendet. Ihr Name: „Pozdrav suncu", Gruß an die Sonne.

NARODNI TRG

Der Volksplatz ist seit der Renaissance der Mittelpunkt des öffentlichen Lebens. Um ihn herum stehen Bauwerke aus mehreren Jahrhunderten: In der repräsentativen Stadtloggia (1562) tagte früher das Gericht. Das Gebäude der ehemaligen Stadtwache (1562) mit dem Uhrtum (1798) ist heute *Ethnografisches Museum (Mo–Fr 8–12 u. 17–20, Sa 9–13 Uhr | 10 Kuna)*. Das Rathaus wurde 1936 von den Italienern errichtet. Gegenüber steht der prächtige Palazzo Ghirardini-Marci aus dem 15. Jh., den ein kunstvoll verziertes gotisches Fenster schmückt.

RUDERBOOTFÄHRE

Ein Zeit sparendes Vergnügen für alle Menschen mit müden Füßen: An der Hafeneinfahrt (beim Leuchtfeuer) können Sie sich mit der einzigen Ruderbootfähre Kroatiens für 5 Kuna zur Spitze der Altstadthalbinsel übersetzen lassen. Sechs Männer aus zwei

Die 1200 Jahre alte Rundkirche Sv. Donat, vorne restaurierte Reste des römischen Forums

Familien teilen sich täglich von 6 bis 22 Uhr den traditionsreichen Job.

SV. DONAT UND SV. STOŠIJA

Die zweigeschossige Rundkirche *Sv. Donat* wurde vermutlich Anfang des 9. Jhs. auf den Fundamenten des Forums errichtet. Für die Mauern der Kirche wurden antike Säulen und Steinfragmente verbaut *(Sommer tgl. 9–22 Uhr | 1110 Kuna | im Winter Besichtigung nur nach Absprache mit dem Archäologischen Museum)*.

Sv. Donat ist verbunden mit dem romanischen Dom *Sv. Stošija* (12./13. Jh.). In der linken Apsis des Doms befindet sich der Sarkophag der hl. Anastasia *(tgl. 8–18 Uhr)*. 179 Stufen führen auf den ❉ Glockenturm mit herrlichem Blick über Zadar *(tgl. 9–20 Uhr | 10 Kuna)*.

SV. ŠIMUN

Wenige Schritte weiter in Richtung Landtor kommt man zur barockisierten Kirche *Sv. Šimun*. Die Gebeine des hl. Simon ruhen über dem Hauptaltar in einem kunstvoll verzierten Sarkophag aus dem 14. Jh., der aus über 300 kg Gold und Silber besteht.

VOLKSMUSEUM (NARODNI MUZEJ)

Zum Museumskomplex in der Poljana Pape Aleksandra III gehören neben dem Museum der Stadt Zadar auch eine ethnologische und eine naturwissenschaftliche Abteilung sowie eine Kunstgalerie (bis 2010 sind Teile der Sammlung wegen Renovierungsarbeiten u. a. in der Loggia ausgelagert). *Mo–Fr 9–12, 17–20, Sa 9–13 Uhr | 5 Kuna*

▮ ESSEN & TRINKEN ▮

FOŠA ❉

Unterhalb des Landtors, am alten Hafen Foša, blickt man von der ruhig gelegenen Terrasse des Fischrestaurants hinaus aufs Meer. *Tgl. ab mittags | Kralja Dmitra Zvonimira 2 | Tel. 023/31 44 21 | €€*

KORNAT

Das Restaurant am Hafen trifft den feinen Geschmack mit exzellenten Fischgerichten und vorzüglichen Weinen. *Liburnska obala 6 | Tel. 023/25 45 01 | €€€*

TRATTORIA CANZONE

Pizza satt in einer charmanten Altstadt-Trattoria; Riesenauswahl und sehr gute Qualität. *Stomorica 8 | Tel. 023/21 20 81 | €–€€*

▮ EINKAUFEN ▮

Ein besonderes Erlebnis sind die Märkte. Vom frühen Morgen bis zum Mittag wird in der *Fischmarkthalle* an der Hafenseite innerhalb der

Stadtmauer der Fang des Tages gehandelt. Nebenan stehen die Bauern aus der Umgebung auf dem *Bunten Markt* mit Obst und Gemüse.

■ ÜBERNACHTEN ■

FALKENSTEINER HOTELS & RESORTS ⌇

Zu der Ferienanlage gehört der familienfreundliche *Club Funimation (258 Zi.),* der vor allem sportlich

richtete Zimmer, sechs Apartments und herrlichen Blick auf die Altstadt. *Obala kneza Trpimira 28 | Tel. 023/33 75 70 | www.villa-hresc.hr | €€*

■ AM ABEND ■

Die Gassen und Cafés im Stadtteil ▶▶ *Varoš* zwischen der Ulica Špire Brusine und Obala Petra Krešimira sind der Szenetreff in Zadar. Elegan-

Insider Tipp

Zadar am Abend: Man trifft sich in den Cafés, isst, trinkt und redet miteinander

aktiven Urlaubern ein reichhaltiges Angebot bietet. Stilvolles Ambiente in ruhiger Atmosphäre finden Gäste im *Adriana Select (48 Juniorsuiten). Majstora Radovana 7 | Tel. 023/ 20 66 36 | Fax 33 20 65 | www.falken steiner.com | €€€*

VILLA HREŠĆ ☃

Das kleine Privathotel an der Maestral-Bucht hat zwei modern einge-

ter chillt die Jeunesse dorée im ▶▶ ⌇ *Arsenal*, dem zu einer Lounge umgebauten venezianischen Schiffsdepot. Die Cafébar im Erdgeschoss und ein Restaurant mit köstlichen Snacks im ersten Stock sind bis 3 Uhr morgens Treffpunkt der Zadarer Szene; gelegentlich gibt's im *Arsenal* auch Livemusik *(Trg tri Bunara 1 | Tel. 023/25 38 33 | www. arsenalzadar.com).*

Insider Tipp

> *www.marcopolo.de/kroatienkueste-dal*

■ SCHIFFSVERBINDUNGEN ■

Die Küstenlinienschiffe *Rijeka–Dubrovnik* legen einmal pro Woche, jeweils gegen Mitternacht, in Zadar an; außerdem: *Zadar–Ancona (Italien)* in der Saison bis zu viermal pro Woche; *Zadar–Preko/Ugljan* tagsüber alle 1–2 Stunden; *Zadar–Brbinj/Dugi otok* und *Zaglav/Dugi otok* mehrmals täglich. Personenlinienschiffe fahren täglich von Zadar zu den autofreien Inseln des Archipels von Zadar.

■ AUSKUNFT ■

TOURIST INFO

Narodni trg 1 | Tel. 023/31 61 66 | www.tzzadar.hr

■ ZIELE IN DER UMGEBUNG ■

IŽ (INSEL) [124 C4–5]

Eine gut 5 km lange Asphaltstraße verbindet den Autofähranleger Bršanj mit den wichtigsten Orten der grünen Insel (18 km²), *Veli Iž* und *Mali Iž*. Drei Viertel der 650 Inselbewohner leben in der Hauptstadt Veli Iž. Hier gibt es einen kleinen Hafen, einen Kieselstrand sowie ein richtiges Theater, das bereits 1927 eröffnet wurde. Speisen sollten Sie im *Mandrač (Tel. 023/ 27 71 15 | €)*, einem unter Skippern als Geheimtipp gehandelten Lokal mit deftiger Fleischküche. *Iška keramika,* aus Ton und Steinmehl gefertigte Haushaltswaren, werden in der letzten Töpferei des Orts noch traditionell im offenen Feuer gebrannt. *Auskunft: Tourist Info Zadar | Überfahrt: 1 Std., 10 Min. ab Zadar*

Insider Tipp

MOLAT-ARCHIPEL [124 B–C4]

Ausflüge vom Festland auf die autofreien Inseln *Ist, Molat, Zverinac, Sestrunj* und *Rivanj* sind häufig nur mit einer Zwischenübernachtung in Privatquartieren möglich. Hotels gibt es hier keine. Dafür aber fast menschenleere Strände und beschauliche Ortschaften, in denen der Alltag auf dem Acker und auf dem Meer das Leben bestimmt.

Molat (222 Ew.) zählt mit seinen fast 30 km² und drei Orten schon zu den größeren dieser Inseln – ideal auch für alle, die erholsame Ruhe und eine herzliche Gastfreundschaft zu schätzen wissen. *Auskunft: Tourist*

> UNTER VOLLEN SEGELN
Auf nostalgischen Motorseglern die Küste erobern

Einst brachten sie Oliven, Wein und Salz bis nach Triest und Venedig. Heute eröffnen die kleinen Motorsegler auf ihren Kreuzfahrten den Touristen die dalmatinische Inselwelt von ihrer schönsten Seite: Sie ankern in Buchten, in die kein Weg führt, und laufen malerische Städte an, die man von ihrer prachtvollsten Seite nur vom Meer aus in Augenschein nehmen kann. Jedes dieser Holzschiffe in Familienbesitz ist anders gebaut, teils neu nach alten Vorbildern. Die Kabinen an Bord, selten mehr als ein Dutzend, bieten keinen Raum für Überflüssiges. Das Sonnendeck ist dafür umso größer. In der winzigen Kombüse wird für die Gäste dalmatinische Hausmannskost zubereitet. *Info u. Buchung: I.D. Riva Tours | München | Tel. 089/ 23 11 00 00 | www.kroatien-idriva.de*

ZADAR

Info Zadar | Überfahrt: je nach Insel 0.35–2.30 Std. ab Zadar

NIN/ZATON [124 C4]

Als Willkommensgruß sind Brotlaib und Weinflasche auf den rechten Flügel des Stadttors aus dem 17. Jh. in

Eine Kopie befindet sich im kleinen *Archäologischen Museum* von Nin *(Mai/Sept. Mo–Sa 9–12, 17–20, Juni–Aug. 9–22, Winter 8–14 Uhr | 10 Kuna)*, das Original kann man in Split sehen. Aus derselben Epoche stammt auch die als kleinste Kathe-

Seichtes Wasser und ein (fast) menschenleerer Strand in der Lagune von Nin

Stein gemeißelt. Dahinter träumt das über 2800 Jahre alte Nin (1700 Ew.) auf seinem 500 m langen wie breiten Inselchen – durch zwei Brücken mit dem Festland verbunden – inmitten einer Sandlagune still vor sich hin. In der Antike war Nin, damals *Aenona* genannt, die Hauptsiedlung der illyrischen Liburner. Auf den Ruinen der damals über 45 000 Einwohner zählenden Stadt gründeten die ab dem 7. Jh. eingewanderten Kroaten erneut einen Ort und machten ihn zum geistlichen wie weltlichen Zentrum ihres frühmittelalterlichen Königreichs.

In Nin wurde das sechseckige, steinerne Višeslav-Taufbecken aus dem 9. Jh. gefunden. In ihm ließen sich die ersten slawischen Fürsten von fränkischen Missionaren taufen.

drale der Welt bezeichnete vorromanische Kirche *Sv. Kriz*, die ein schönes Beispiel altkroatischer Kirchenbaukunst darstellt. Mit Blick auf dieses architektonische Kleinod können Sie im Restaurant *Branimir (Viseslavov trg 2 | Tel. 023/26 48 66 | €)* sehr gut und preiswert speisen.

Die wilden Sandstrände in der Umgebung von Nin sind bisher touristisch noch weitgehend unentdeckt. Nur an den Wochenenden kommen meist einheimische Badegäste und Surfer. An den Sandstränden herrschen ideale Surfbedingungen; das ▶▶ *Windsurfcenter Surfmania* verleiht Ausrüstung und bietet Kurse für Wind- und Kitesurfer an *(15. April bis 15. Nov. | Ninske Vodice | mobil 098/912 98 18 | www.surfmania.hr).*

> www.marcopolo.de/kroatienkueste-dal

Der Heilschlamm, den man an einigen Stellen findet, gilt als wirksames Mittel gegen Rheuma.

2 km von Nin entfernt ist die maximal zweigeschossige Apartmentsiedlung *Zaton* um eine weite Kieselstrandbucht gebaut, an der im Sommer viel Trubel herrscht. Zur Anlage gehören ein großer, sehr gut ausgestatteter Campingplatz, mehrere Restaurants, Kneipen, Läden, Tennisplätze, ein Reitzentrum und eine der größten Diskos Kroatiens, *Saturnus,* außerdem ein kleiner Sportboothafen und ein sehr schöner Strand. Die Apartments wurden 2006 renoviert *(553 Apts. Tel. 023/ 28 02 80 | Fax 26 42 25 | www.za ton.hr | €€– €€€). Auskunft: Tourist Info | Nin | Tel. 023/26 42 80 | Fax 26 52 47 | www.nin.hr. 16 km nordwestlich*

SILBA (INSEL) [124 A–B3]

Die Insel Silba ist nur etwa 15 km² groß. Zur Blütezeit der Segelschifffahrt haben sich reiche Kapitäne im einzigen Inselort einige prächtige Villen bauen lassen. Der Turm *(Toretta),* den ein Kapitän im 17. Jh. für seine Geliebte baute, stammt aus der Zeit, als Silba über 3500 Einwohner zählte. Heute sind es nur noch etwa 300. Dank des windgeschützten Hafens hat sich Silba vor allem bei den Segelsportlern einen Namen gemacht. Wer hier an Land geht, der findet einsame kleine Badebuchten, zu denen Spazierwege führen. Die 350 Gästebetten in Zimmern und Apartments werden privat angeboten. *Auskunft: Silba | Tel. 023/ 37 01 75 | Fax 37 00 10 | www.silba. net | Überfahrt: 1 Std., 35 Min. ab Zadar*

> BÜCHER & FILME
Literarische und visuelle Streifzüge durch Dalmatien

> **Europa erlesen: Dalmatien** – Das handliche Bändchen von Johann Strutz (Hrsg.) mit kurzen Texten kroatischer wie ausländischer Autoren über Dalmatien ist eine ideale Reiselektüre. In der gleichen Reihe gibt es auch einen Band über Dubrovnik.

> **Das Haar der Berenice** – Der vielfach preisgekrönte Autor Nedjeljko Fabrio aus Split erzählt eine kroatisch-italienische Familienchronik.

> **Ein Haus in Dalmatien** – Die Journalistin Friedrun Pleterski zieht auf die Insel Olibund berichtet amüsant vom Inselalltag. Die Fortsetzung „Dalmatinisches Inselbuch" widmet sich den kulturellen Unterschieden und der Liebe.

> **Winnetou 1–3** – Viele Szenen der in den 1960er-Jahren beliebten Karl-May-Verfilmungen von Harald Reinl wurden in Dalmatien gedreht, so in der Paklenica-Schlucht, an den Krka-Fällen bei Skradin und im Hinterland von Dubrovnik.

> **Winnetou darf nicht sterben** – Die DVD-Dokumentation über Winnetou-Darsteller Pierre Brice, die u. a. an Originalschauplätzen gedreht wurde

> **Die letzten Paradiese: Das Wasser von Plitvice** – Spannende DVD-Dokumentation über den Nationalpark Plitwitzer Seen, über seine Flora und Fauna und seine geologische Entstehung

> SONNIGE PUNKTE AN DER ADRIA

In Split und Umgebung verbrachten schon die alten Römer
ihren Urlaub

> Mitteldalmatien, wo vor 1700 Jahren der römische Kaiser Diokletian seinen Altersruhesitz wählte, ist bis heute mit seinen macchiaüberwucherten Inseln Hvar, Brač und Vis, mit den weiten Kiesbuchten entlang der Makarska-Riviera und dem gebirgigen Hinterland des Biokovo eine der beliebtesten Ferienregionen Dalmatiens. Ihr quirliger Mittelpunkt ist die Hafenstadt Split mit dem Diokletianpalast; historische Kostbarkeiten birgt das steinerne Trogir.

Bild: Split, Altstadt

BRAČ (INSEL)

[126–127 C–D4] Das schneeweiße Kalkgestein, der „Marmor von Brač", ist seit der Antike ein unvergänglicher Zeitzeuge der Insel. In Mauern geschichtet, umschließt er Zentren von Reichtum und Macht: den Diokletianpalast in Split, das Reichstagsgebäude in Berlin, das Weiße Haus in Washington, das Parlament in Wien sowie prunkvolle Paläste in Venedig.

REGION
SPLIT

Brač ist mit 395 km² (maximal 40 km lang, maximal 13 km breit) die drittgrößte und höchste Insel Kroatiens. Die Mehrzahl der 14000 Ew. lebt in rund zwei Dutzend Ortschaften, die sich überwiegend am nördlichen Küstenrand, vom Festland nur 7 km entfernt, gegründet haben. Wie ein Buckel wölbt sich das terrassenförmig ansteigende Binnenland hinauf zur mit Schwarzkiefern bewaldeten Hochebene *Vidova gora* (bis 700 m), gekrönt vom Gipfel der *Vidovica* (778 m), dem höchsten auf Brač. Im Bereich der Ortschaften und in den Taleinschnitten haben die Bauern den kargen Boden in mühevoller Arbeit für den Wein-, Obst- und Olivenanbau kultiviert. Aleppokiefernwälder säumen die steil abfallende Südwestküste. Das prägende Bild von Brač sind jedoch die einsamen Brachlandflächen aus Macchia, Gehölzen und Karstgestein, in denen das ewige Lied der Zikaden wie mystischer Gesang klingt.

■ ORTE AUF BRAČ ■

BOL [127 D4]

Unterhalb der steil aufragenden Gebirgskette *Bolska kruna* liegt Bol (1300 Ew.), der älteste Ort an der Südküste von Brač. Sein touristisches

Borak einen guten Namen gemacht *(www.big-blue-sport.hr)*. Hier können Sie auch Mountainbikes und Seekajaks leihen.

An dem von Kiefernwald beschatteten Promenadenweg, der das Zlatni rat in 30 Gehminuten mit dem Stadtzentrum verbindet, sind vor kleine Badebuchten mehrere Hotelanlagen

Zlatni rat an der Südküste von Brač ist ein beliebter Badestrand in Form eines goldenen Horns

Markenzeichen ist das ★ *Zlatni rat* (Goldenes Horn), eine von goldfarbenem Strand umsäumte grüne Landzunge von 500 m Länge, deren Spitze sich durch die Kraft von Wellen und Wind ständig verschiebt. ▶▶ Surfer schätzen die günstigen Winde im *Hvarski kanal*, der zwischen Brač und die Insel Hvar verläuft. Unter den vielen Windsurfschulen hat sich *Big Blue* gleich neben dem Hotel

gebaut. So das *Hotel Borak*, eine komfortable 4-Sterne-Wellnessanlage mit 150 lichten, modernen Zimmern und 40 Apartments *(Bračka cesta 13 | Tel. 021/30 62 02 | Fax 30 62 15 | www.bluesunhotels.com | €€€)*. Ein Platz für Romantiker: In einer kleinen Seitenstraße oberhalb des Hafens liegt die kunstvoll eingerichtete *Villa Giardino* in einem mediterranen Garten *(14 Zi. | Novi Put 2 |*

Insi *Tip*

Tel. 021/63 59 00 | Fax 63 55 66 | www.dalmacija.net/bol/villagiardino | €€).

Rund um den kleinen Hafen von Bol pulsiert das Leben. Die *Galerija Dešković* zeigt Werke älterer und zeitgenössischer kroatischer Maler und Bildhauer *(tgl. 18–23 Uhr | 5 Kuna)*. Ein paar Schritte abseits vom Hafen liegt das romantische Gartenrestaurant *Ranč (Tel. 021/63 56 35 | €€)*: An lauschigen Plätzen serviert Ihnen die Familie Lukšić frische Langusten vom Grill. Die rustikale Konoba *Mlin*, eine alte Ölmühle, zählt zu den Toprestaurants von Bol *(Ante Starčevića 11 | Tel. 021/ 63 53 76 | €€)*. Das ganze Jahr über sind die ▶▶ Cafébar *Aquarius* und die *Varadero Lounge* Treffpunkt der jungen Leute und besonders der Windsurfer. Im Sommer tanzt man im *Faces Club Kaltemberg* bis zum frühen Morgen.

Östlich des Hafens, auf der kleinen Halbinsel *Glavica*, steht das Domini-kanerkloster (15. Jh.). Zu der Sammlung des Klostermuseums gehört das Altarbild „Madonna zwischen den Heiligen"; ein Werk von Tintoretto (1518–94). *Tgl. 8–12, 17–19 Uhr | 10 Kuna*

Außerhalb des Sommers ist Bol ein idealer Standort für Wandertouren über die Insel Brač. Beliebtes Wanderziel *(Entfernung ca. 3 Std.)* ist die *Einsiedelei Blaca* aus dem 16. Jh. mit Mönchszellen, Sternwarte und wertvollen alten Büchern *(Di–So 9–18 Uhr | 30 Kuna | Tel. 091/516 46 71)*. Von der ☀ Hochebene *Vidova gora* blickt man über die ganze Insel auf die imposante aufragende Küstengebirgskette des Festlands und auf die zerklüftete Küste der Nachbarinsel Hvar.

Im 10 km entfernten Weiler *Gornji Humac* sind die alten Häuser noch mit weiß gekalkten Steinplatten belegt. In der Konoba *Tomić (Tel. 021/64 72 42 | www.konobatomic.com | €€)* wird das Fleisch über offenem Feuer ge-

Insider Tipp

MARCO POLO HIGHLIGHTS

⭐ **Zlatni rat**
Schöne Landzunge bei Bol auf Brač (Seite 54)

⭐ **Hvar (Ort)**
Dalmatiens schönstes Inselstädtchen (Seite 58)

⭐ **Brela**
Bekannt für wunderbare weiße Kieselstrandbuchten (Seite 64)

⭐ **Diokletianpalast**
In Split befindet sich die einzige erhaltene Palastanlage aus der Römerzeit in Dalmatien – inzwischen unter Denkmalschutz gestellt (Seite 68)

⭐ **Kathedrale Sv. Duje**
Das Gotteshaus lädt ein zu einer Zeitreise von den Römern bis zum Barock (Seite 69)

⭐ **Kathedrale Sv. Lovro**
Meisterhaftes Bauwerk auf mediterranem Platz (Seite 72)

⭐ **Blaue Grotte (Modra špilja)**
Meereshöhle auf Biševo mit zauberhaftem Farbenspiel (Seite 75)

BRAČ (INSEL)

grillt, das Brot kommt aus dem Holzofen. Rund um den 4 km entfernten Weiler *Murvica* gibt es hübsche Badebuchten, die nur zu Fuß erreichbar sind, und eine geheimnisvolle <mark>Drachenhöhle</mark> mit glagolitischen und heidnischen Inschriften und Malereien. Die Besichtigung organisiert Herr Zoran *(Tel. 091/514 97 87 | ca. 50 Kuna). Auskunft: Tourist Info | Porat bolskih pomoraca | Bol | Tel. 021/63 56 38 | Fax 63 59 72 | www.bol.hr*

Insider Tipp

MILNA [126 C4]

In dem kleinen Ort an der Westküste von Brač erinnern die palastartigen Gebäude rund um das Hafenbecken an die Blütezeit der Insel. Mitte des 19. Jhs. wurden in Milna große Handelsschiffe gebaut. Heute kommen vor allem die Freizeitkapitäne mit ihren Yachten in die vor Wind und Wetter geschützte Marina. Ein paar Tavernen und Cafébars, dazu Lädchen für den täglichen Bedarf reichen aus für die wenigen Gäste, die Milna besuchen. Freundlich eingerichtete Apartments vermietet das *Illyrian Resort (59 Apts. | Tel. 021/63 65 66 | Fax 63 65 33 | www.illyrian-resort.hr | €€) Auskunft: Tourist Info | Milna | Tel. 021/63 62 33 | Fax 63 65 05 | www.milna.hr*

PUČIŠĆA [127 D4]

Den stürmischen Angriffen der eisigen Bora ausweichend, verbirgt sich der Hafen mit dem Zentrum von Pučišća am Ende einer fjordartig ins Land geschnittenen Meeresbucht. Der Marmor aus den nahe gelegenen Steinbrüchen bestimmt hier seit ewigen Zeiten das Leben. Auf der linken Seite des Hafenbeckens *(Nova Riva)* bildet die einzige Steinmetzschule Kroatiens seit über 100 Jahren den Nachwuchs im uralten Kunsthand-

Touristisches Zentrum der Insel Brač: das quirlige 3000-Einwohner-Örtchen Supetar

werk aus, inzwischen übrigens auch Mädchen. Übernachten kann man stilvoll im Renaissancepalais *Desković Palace (Tel. 021/77 82 40 | Fax 77 82 56 | www.palaca-deskovic.com | €€€)* mit 15 Zimmern und elegantem Restaurant.

ŠKRIP [127 D4]

Der Gipfel des Hügels mit dem Kirchturm, dem Kastell und den großen Wehrtürmen im historischen Teil des Orts wirkt wie eine alte Märchenburganlage. Aus der Römerzeit, als hier Hunderte von Sklaven in den Steinbrüchen arbeiteten, stammen Sarkophage und das in den massiven Fels gehauene *Bassin* mit der Viehtränke neben dem Friedhof und der kleinen altkroatischen *Heiligengeistkirche* aus dem 10. Jh.

Der *Radojković-Turm*, der auf ein gut erhaltenes römisches Mausoleum (3. Jh.) gebaut wurde, beherbergt das *Museum* von Brač. Highlight ist ein römisches Steinrelief mit der Darstellung des Herkules *(tgl. 10–17 Uhr | 10 Kuna | wenn verschlossen, nebenan klopfen bei Familie Radojković)*. Morgens wird man im kleinen Hotel Herkules *(10 Zi. | Tel. 091/ 223 34 17 | www.herkules.hr | €)* vom Glockengeklingel der Ziegen und Schafe geweckt. Dazu gehört auch eine Konoba, die für ihre Gerichte nur Inselprodukte verwendet.

SUPETAR [126 C4]

Die Autofähren aus Split legen im neuen Hafen an. Direkt hinter dem Kai starten Linienbusse, die alle Inselorte mit Supetar verbinden. Supetar ist das wirtschaftliche, kulturelle und touristische Zentrum der Insel.

Die rustikalen Häuschen mit kleinen Fenstern und schmuckvollen hohen Schornsteinen im Altstadtkern der einstigen Fischer- und Bauernsiedlung sind inzwischen von modernen Villen und Wochenendhäusern umstellt. An der kleinen Friedhofskirche stehen zwei Sarkophage aus altchristlicher Zeit, umgeben von skulpturgeschmückten Grabmälern reicher Einwohner.

Zwischen der Landzunge und der Bucht Vela Luka befindet sich das touristische Zentrum von Supetar. Vor den flach ins Meer abgleitenden Kieselstrandbuchten spendet ein parkartig angelegter Pinienhain angenehmen Schatten. Dahinter steht eine großzügig angelegte, moderne Ferienanlage mit Wellnesscenter, Tennis- und Sportplätzen sowie Fahrrad- und Bootsverleih, Tauch- und Windsurfschule. Gäste finden hier Unterkunft in Apartments, dem All-inclusive-*Adria-Club* oder im Lifestyle-*Hotel Kaktus (120 Zi. | Tel. 021/ 64 01 56 | Fax 63 13 44 | www.water manresorts.com | €€– €€€)*. Individueller kommen Sie in der familiengeführten Villa Adriatica *(24 Zi. | Put Vele Luke 31 | Tel./Fax 021/34 38 06 | www.villaadriatica. com | €€)*. Das in warmen Farben eingerichtete Haus hat auch ein gutes Restaurant und das schicke ▶▶ *Sunshine-Café*.

Dalmatinische Spezialitäten, beispielsweise hausgemachte Fischpastete oder Krebse und Hummer, bekommen Sie im gemütlichen alten Weinkeller *Vinotoka (Jobova 6 | Tel. 021/63 09 69 | €€)*. Kiwi- und Granatapfelbäume säumen malerisch die Terrasse des Restaurants *Jastog*. Auf dem offenen Holzkohlegrill brutzelt Miro neben Fisch und Fleisch auch Gemüse für das vegetarische Angebot *(Bana Josipa Jelačiča 6 | Tel. 021/ 63 14 86 | €€). Auskunft: Tourist Info | Porat 1 | Supetar | Tel./Fax 021/ 63 05 51 | www.supetar.hr*

Einige Kilometer weiter östlich, in *Splitska* [127 D4], ist die Inselwelt noch nicht so stark vom Tourismus beeinträchtigt. Das steil an den Hängen einer tiefen Bucht emporkletternde Städtchen ist ein friedliches Idyll, in dem sich (noch) kein Hotel etabliert hat. Unterkunft vermittelt das Tourismusbüro in Supetar.

■ SCHIFFSVERBINDUNGEN ■

Split–Supetar/Brač in der Saison bis zu elfmal täglich; *Makarska–Sumartin/Brač* im Sommer bis zu sechsmal täglich.

HVAR (INSEL)

[126–127 C–E4–5] **Hvar, das ist ein Arrangement aus türkisblauen Buchten, Olivenhainen, Weingärten, grünem Pinienwald und den betörenden Duft von Rosmarin und Lavendel.** In historischen Städtchen künden schmuckvolle Kirchen und Paläste von früherer Macht. In den Dörfern sind die rustikalen Häuschen der Bauern und Fischer einfach und zweckmäßig gebaut. Jedes dieser typisch mediterranen Details wird man in der gesamten dalmatinischen Inselwelt immer wieder entdecken können. Doch auf der Insel Hvar setzen sie sich aufs Vortrefflichste zu einem eindrucksvollen Stimmungsbild zusammen.

Etwa 70 km misst diese „schlanke Schöne" in ihrer Länge, 4–11 km in der Breite. Im Jahr lacht auf Hvar 2724 Stunden lang die Sonne. Für die gut 11000 ständigen Inselbewohner ist es kein Problem, in der Saison mehr als die doppelte Anzahl Urlauber gleichzeitig aufzunehmen. Gäste kommen rund ums Jahr, denn auch im Winter ist das gesunde Klima angenehm mild.

Der Tourismus konzentriert sich auf den Einzugsbereich der vier wichtigsten Inselorte, die alle im Norden von Hvar liegen, auf die Stadt *Hvar* an der Seeseite, auf *Stari Grad, Vrboska* und *Jelsa*, die dem Festland zugewandt sind. Nach *Zavala, Ivandolac* und *Sv. Nedjelja*, Dörfer, die alle zur Gemeinde Jelsa gehören, führt ein 1000 m langer, einspuriger Tunnel bei *Pitve*, an dem eine Ampelanlage den Verkehr regelt. Diese kleinen Fischerorte abseits vom Touristentrubel sind bei Surfern und Tauchern sehr beliebt. Kaum besiedelt ist die Insel zwischen Jelsa und dem 43 km entfernten Ostende *Sućuraj*. ☼ Am Tag bietet die alte Serpentinenstraße herrliche Ausblicke auf die Adria und die Insel Brač gegenüber. Diese Straße wird heutzutage nur noch von wenigen Autos benutzt. Umso beliebter ist sie bei Mountainbikern und Motorrollerfahrern.

■ ORTE AUF HVAR ■

HVAR (ORT) ★   [126 C4]

Den schönsten Blick auf das ganze Panorama dieses mediterranen Kleinods (4000 Ew.) hat man vom Meer aus. In der Totalen erfasst man am besten die von Palmen gesäumte Uferpromenade und die sieben Jahrhunderte alten Wehrmauern, die sich bis zur *Festung Španjol* (16. Jh.) den

Hang hinaufziehen. Oberhalb davon steht die 1811 von den Franzosen erbaute *Festung Napoleon*. Die wichtigsten Kirchen, Klöster und Paläste stammen aus der Blütezeit von Hvar, als die Seemacht Venedig die Stadt übernahm und sie vom 15. bis 18. Jh. zu einem wichtigen Stützpunkt in der

Steinplatten ausgelegte Hauptplatz *Trg Sv. Stjepana*. An der Stirnseite steht der Dom *Sv. Stjepan* (erbaut 13.–18. Jh.) mit seinem filigranen Glockenturm. Hvar ist seit 850 Jahren Bischofssitz. Der Domschatz aus Dokumenten, Gemälden, Messgewändern und liturgischen Gefäßen ist im

Ein „Schmetterling, der auf Wellen träumt" – die sonnige Insel Hvar

Ostadria ausbaute. Im geschützten Hafen von Hvar überwinterte in früheren Zeiten die venezianische Flotte. Jetzt kommen Kreuzfahrtschiffe und Yachten mit Passagieren aus aller Welt, um das mondäne Flair des Orts für ein paar Stunden zu erleben. Zur rechten Seite des kleinen, alten Hafenbeckens öffnet sich der weitläufige, mit blank getretenen

Bischofspalast nebenan zu sehen *(tgl. 9–12, 17–19 Uhr | 12 Kuna)*. Auf dem Hauptplatz steht der große *Stadtbrunnen* von 1520. Im Restaurant *Hanibal* am Platz sollten Sie unbedingt das Seeteufel-Carpaccio probieren *(Tel. 021/74 27 60 | €€)*.

Ein Arkadenbogen von 10 m Breite überspannt das zum Hafen gerichtete Tor des *Arsenals*, in dem früher die venezianischen Kriegsgaleeren repariert wurden. Das kleine *Theater*, in Europa eines der ersten kommunalen Theater der Neuzeit, wurde 1612 ins Obergeschoss gebaut *(zzt. wegen Renovierung geschl.)*. In den Räumen nebenan ist zeitgenössische kroatische Kunst ausgestellt. An die *Stadtloggia* mit dem Uhrturm und ihrer prächtigen Fassade lehnt sich seit 1903 das 🔊 *Hotel Palace (73 Zi. | Tel. 021/74 19 66 | Fax 74 24 20 | www.suncanihvar.hr | €€€)*.

Richtung Meer rechts entlang führen Spazierwege durch den Stadtpark zur Hotelanlage *Amfora (320 Zi. | Tel. 021/75 03 00 | Fax 75 03 01 | €€€)*. Etwa 200 m entfernt feiert nachts ein vorwiegend junges Publikum in der Open-Air-Disko ▶▶ *Veneranda (tgl. 24–5 Uhr | ab 30 Kuna)*.

Auf der Ostseite des Hafenbeckens lassen sich die Segler auf ihren eleganten Yachten bestaunen. Nur wenige Schritte über die Promenade schlürft man im *Carpe Diem* bunte Cocktails zu leiser Barmusik. Die Promenade noch ein Stück weiter zeigen die Mönche des Franziskanerklosters (15. Jh.) ihre Schätze: eine umfangreiche Botaniksammlung, Gemälde alter Meister und handgeschriebene Bücher *(Sommer Mo–Fr 10–12, 17–19 Uhr | 20 Kuna)*. In den Sommermonaten wird der Kreuzgang zu einer stimmungsvollen Kulisse für klassische Konzerte.

Im Stadtteil Groda, auf der Nordseite des Hauptplatzes, klöppeln Benediktinerinnen hauchdünne Spitzendeckchen aus feinen Fäden, die aus den Fasern von Agavenblättern gesponnen sind. Die Decken zählen zu den offiziellen Staatsgeschenken der Republik Kroatien. Nur in der Abtei selbst, an der Treppe zur Festung, werden diese kleinen Kunstwerke verkauft. An diesem Weg finden Sie

Insider Tip

Hvar: Wie oft an der Adria ist die Hafenpromenade auch Flaniermeile

auch einige gemütliche Restaurants, zum Beispiel das *Macondo (Tel. 021/ 74 28 50 | €€)*, in dem bei kühler Witterung ein Kaminfeuer wärmt. Für moderne Küche mit dalmatinischer Tradition steht das *Yakša (Tel. 091/ 277 07 70 | €€€)* mit restaurierten gotischen Gewölben und weinumranktem Patio.

Ob zu Fuß oder mit dem Auto, der 3 km lange Weg hinauf zum alten Wachhaus, das die Österreicher 1832 bauten, lohnt sich, denn man hat von der ❋ Terrasse einen herrlichen Blick auf die Stadt und die vorgelagerten *Pakleni otoci* (Harz- oder Teufelsinseln).

Die sehr dicht bewaldeten Inseln sind beliebt wegen ihrer schönen Badestrände auf der Südseite, Taxiboote fahren vom Hafen nach *Sv. Klement* oder *Jerolim* (FKK). Eine preiswerte, ruhige Unterkunft finden Sie 5 km nördlich von Hvar an der Lozna-Bucht: Die Pension *Laguna Lozna* ist zugleich Tauchbasis und vermietet angenehme Zimmer und Apartments *(6 Zi., 4 Apts. | Tel. 022/ 48 52 31 | €)*. Auskunft: Tourist Info | *Trg Sv. Stjepana | Hvar | Tel. 021/ 74 29 77 | Fax 74 10 59 | www.hvar.hr*

MILNA [126 C5]

Das Dorf liegt an der Südküste der Insel, 6 km östlich von Hvar (Busverbindung). Für den Fußweg, einen markierten Pfad durch die mediterrane Macchia entlang dem Meer, benötigt man ca. 2,5 Stunden. Ein beschaulicher Ort mit einem kleinen Strand, einigen privaten Apartments, einem Geschäft für Lebensmittel und ein paar Gasthäusern. Allein die lohnen den Weg. Denn hier wird noch

typisch dalmatinisch gekocht, und die Preise stimmen auch, zum Beispiel bei Ivo und Sibe Tudor im Kod Barba Božjeg mit einer schönen Terrasse über dem Meer *(auch Zimmervermietung | Tel. 021/74 50 45 | €)*.

Insider Tipp

STARI GRAD [127 D4]

Das Zentrum des von Weingärten umgebenen Orts liegt am Ende einer 6 km langen, fjordartigen Bucht. Stari Grad (1700 Ew.) ist die älteste Siedlung auf Hvar, von den Griechen im 4. Jh. v. Chr. unter dem Namen Pharos angelegt. Ihren Sieg über die zu dieser Zeit bereits ansässigen Illyrer belegt eine Schrifttafel im Museum des *Dominikanerklosters (Juni–Sept. Mo–Fr 10–12, 17.30–19.30, Mai, Okt. 10–12 Uhr | 10 Kuna)*. In der Ausstellung ist auch ein interessantes Bild zu sehen, das der venezianische Meister Tintoretto im Auftrag des kroatischen Dichters Petar Hektorović im 16. Jh. schuf. Auf dem sakralen Gemälde sind der Poet selbst und auch seine Tochter Lucrezia verewigt.

Insider Tipp

An der Hafenpromenade steht der einstige *Landsitz* von Hektorović. Im Innenhof des Palasts umschließt ein Arkadengang das von Meerwasser gespeiste Fischbassin, in dem sich Meeräschen tummeln. Wenn sie alle im Kreis schwimmen, soll es angeblich Regen geben. Schmuckstück des Gartens ist ein über 100 Jahre alter Magnolienbaum *(tgl. Juni/Sept. 10–13, Juli/Aug. auch 17–20 Uhr | 10 Kuna)*.

Für Archäologiefans: An der kleinen Kirche *Sv. Ivan* aus dem 6. Jh. wurden Teile der alten Stadtmauer aus griechisch-illyrischer Zeit freigelegt und konserviert. Diese Arbeiten sind im *Biankini Palast (Juni–Sept. tgl. 10–12, 19–20 Uhr | 10 Kuna)* dokumentiert.

Fürs leibliche Wohl ist überall im Städtchen gesorgt. Kulinarische Köstlichkeiten wie in Kapern und Weißwein geschmorten Thunfisch serviert das lauschige Restaurant *Antika (Tel. 021/76 54 79 | €€).*

Etwa 1500 m vom Ortszentrum entfernt stehen in unmittelbarer Nachbarschaft zueinander das Hotel *Arkada (266 Zi.)* sowie die Bungalowsiedlungen *Trim (32 Apts.)* und *Helios (214 Zi.).* Zu dieser einfachen Ferienanlage *(Tel. 021/30 63 06 | Fax 76 51 28 | www.heliosfaros.hr | €€)* gehört ein Sportzentrum mit Tennisplätzen, Minigolf, Boccia, Tischtennis und Fahrradverleih. Am Strand werden Boote vermietet, denn die schönsten Badebuchten sind nur vom Wasser aus zu erreichen. Aus-

kunft: *Tourist Info | Nova Riva 2 | Stari Grad | Tel./Fax 021/76 57 63 | www.stari-grad-faros.hr*

VRBOSKA/JELSA [127 D4]

Die beiden in geschützten, bewaldeten Buchten malerisch gelegenen Fischerorte sind durch einen rund 1,5 km langen Spazierweg entlang der Küste *(Lungomare)* miteinander verbunden. Auf der Straße fährt man etwa 5 km von Jelsa nach Vrboska. Beliebt bei Stammgästen sind vor allem Privatquartiere. Am Stadtplatz von Jelsa (1700 Ew.) stehen ein paar schöne alte Bürgerhäuser sowie die barocke Kirche *Sv. Ivan.* Die meisten Hotels hier stammen aus den 1970er-Jahren und wurden noch nicht renoviert; empfehlenswerter ist die freundliche Pension *Murvica (5 Apts. | Tel. 21/76 14 05 | www.murvica.net | €)* mit einem sehr guten, dalmatinischen Spezialitätenrestaurant *(€€).* Abends kann man sich in der *Villa Verde* bei Cocktails und ruhiger Loungemusik entspannen.

Im kleinen Ort Vrboska (500 Ew.) thront die fast fensterlose Kirchenfestung *Sv. Marija* (16. Jh.) mit ihren beiden Wehrtürmen auf einer kleinen Anhöhe über der Altstadt. Das Gemälde, das einst ihren Altar schmückte, befindet sich jetzt in der Pfarrkirche *Sv. Lovrinac* (15. Jh.). Vermutungen nach könnte es ein Werk von Tizian oder Paolo Veronese sein. Hingegen dokumentiert das kleine *Fischereimuseum* mit handfesten Beweisen die Geschichte des Fischfangs auf Hvar *(tgl. 10–13, 18–21 Uhr, außer Mi abends | 10 Kuna).*

Im Weiler *Sv. Nedjelja* an der Westküste keltert Zlatan Plenkovic die besten Weine der Insel; seinen „Zlatan Otok" kann man in der Konoba *Bilo Idro (Tel. 021/74 57 09 | €€)* verkosten. Dazu gibt's frischen Fisch oder einen Vorspeisenteller mit *pršut* und Käse. *Auskunft: Tourist Info*

höchster Gipfel, der *Sveti Jure*, ragt mit majestätischen 1762 m schroff in den Himmel. Wie ein mächtiges Bollwerk, kahl und ockerfarben, erheben sich die steilen Karstfelsenwände zur Meerseite. Dieser Gegensatz auf en-

Bald sind wir da: Abendstimmung auf der Fähre nach Hvar

Vrboska | Tel./Fax 021/77 41 37 | www.vrboska.info; Tourist Info Jelsa | Tel. 021/76 10 17 | www.tzjelsa.hr

■ SCHIFFSVERBINDUNGEN ■

Mehrmals täglich *Split–Stari Grad/ Hvar* sowie *Drvenik–Sućuraj/Hvar;* Küstenlinie *Rijeka–Dubrovnik* täglich ab *Stari Grad/Hvar;* in der Saison zweimal wöchentlich *Ancona (Italien)–Stari Grad/Hvar.*

MAKARSKA-RIVIERA

[127 D–F4–5] Hinter den weißen Kieselstrandbuchten, gesäumt von grünem Pinienwald, drängen sich Weingärten und Olivenhaine auf einem schmalen, fruchtbaren Saum zwischen der Adria und dem *Biokovo-Gebirge.* Dessen

gem Raum ist das augenfälligste Merkmal der 60 km langen Makarska-Riviera, die die wohl schönste Ferienregion an der mitteldalmatinischen Festlandküste ist.

An *Brela*, den nördlichsten Ort der Makarska-Riviera, reihen sich *Baška Voda, Promajna, Makarska, Tučepi, Podgora, Igrane, Živogošće, Drvenik, Zaostrog* und *Gradac*. Alle diese am Meer gelegenen Orte haben noch ein höher gelegenes Pendant direkt unter den Felswänden. In diesen Zufluchtsstätten fanden die Küstenbewohner über Jahrhunderte Schutz vor Angriffen und Überfällen von Piraten und feindlich gesinnten Eroberern. Vereinzelt sind die eng zusammenstehenden Häuschen heute noch bewohnt.

Mit ihren zahlreichen Unterbringungsmöglichkeiten, Camping, Marinas, Sportplätzen sowie Tavernen und Restaurants ist die Makarska-Riviera eine sehr lebhafte und vor allem in der Hochsaison oft auch lärmende Ferienregion.

ORTE AN DER MAKARSKA-RIVIERA

BAŠKA VODA [127 E4]

Der viel besuchte Ferienort ist einer der ältesten an der Makarska-Riviera. Im Hinterland wachsen Trauben, Oliven, Kirschen und Feigen. Baška Voda reicht bis an das benachbarte Brela. Direkt am Strand gelegen und umgeben von Pinien verwöhnt das komfortable *Hotel Horizont* mit seinem Wellnesscenter *(202 Zi. | Tel. 021/60 49 99 | Fax 62 00 03 | www. hoteli-baskavoda.hr | €€€)*. Zu einer deftigen Mahlzeit fahren Sie bergauf in die Konoba *Biston (Tel. 091/ 252 22 79 | €)* ins Dörfchen *Bast.*

BRELA [127 D3–4]

Strände wie auf einer Postkartenidylle: Weiße Kieselbuchten, gesäumt von üppigem Kiefernwald, der sich noch ein Stück den Hang hinaufzieht, sind das Markenzeichen von Brela. In den meisten der um den alten, gepflegten Ortskern neu gebauten, eleganten Villen werden Zimmer und Apartments vermietet. Ob Windsurfen, Wasserski oder Fahrten mit dem Paddelboot, Wassersport wird in Brela großgeschrieben. Die Adria-Magistrale verläuft oberhalb der Ortschaft. Erstes Haus am Platz ist das 🔊 *Hotel Soline (206 Zi. | Tel. 021/ 60 30 20 | Fax 60 32 08 | www.blue sunhotels.com | €€– €€€)* direkt am Strand. Das jüngst renovierte Hotel besitzt ein angenehmes Wellnesscenter mit Hallenbad, in dem die Gäste durch eine nachgebaute „Blaue Grotte" in den Outdoorpool schwimmen können. Die Konoba *Feral* am Hafen ist Brelas beste Adresse für fangfrischen Fisch *(Obala Kneza Domagoka | Tel. 021/61 89 09 | €€– €€€). Auskunft: Tourist Info | Trg Alojzija Stepinca | Tel. 021/61 84 55 | www. brela.hr*

Grüne Kiefern, rote Ziegeldächer und die blaue Adria: Brela

GORNJI TUČEPI UND BIOKOVO-GEBIRGE [127 E4]

Gornji Tučepi (Oberes Tučepi) ist Ausgangspunkt für Wanderungen auf den höchsten Gipfel des Biokovo-Gebirges, den 1762 m hohen *Sveti Jure.* Der mindestens dreistündige Aufstieg sollte nur bei gutem Wetter unternommen werden. Er beginnt rechts von der Dorfkirche. Denken Sie an zweckmäßige Kleidung und Proviant. Fast bis an den Gipfel führt außerdem eine schmale, kurvige und nicht ungefährliche Straße (40 km) durch den Naturpark *(Mautgebühr 35 Kuna).*

Felsen, Pinien und kleine Buchten prägen die Küstenlandschaft der Makarska-Riviera

MAKARSKA [127 E4]

Das geschichtsträchtige Hafenstädtchen (17 000 Ew.) ist das touristische Zentrum der nach ihm benannten Riviera. Ein schattiger Promenadenweg verbindet gleich mehr als ein halbes Dutzend Hotelquartiere entlang der weit geschwungenen Bucht *Donja luka* bis zur bewaldeten *Halbinsel Sv. Petar.* Den Sommer über haben fliegende Händler hier ihre Verkaufsstände neben Karussells und Bierbuden aufgebaut, und es kommen vor allem Badegäste in den Ort. Im Frühling und Herbst sind hier, wie an der ganzen Makarska-Riviera, die Aktivurlauber zu Fuß oder mit dem Fahrrad unterwegs. Auf der Rückseite der Halbinsel liegt der malerische Hafen mit dem Anleger für die Autofähre nach Sumartin auf der Insel Brač.

Von der mit Blumen geschmückten Terrasse des Restaurants *Susvid* kann man das Leben auf dem Hauptplatz des Orts betrachten – zur Küche von Zdenko Vujčić, der die Fleischgerichte des Biokovo (vorwiegend Lammfleisch) und die Fischgerichte der Küste *(brodetto)* nach traditionellen Rezepten zubereitet *(Kačićev Trg 9 | Tel. 021/61 27 32 | €€).*

Beste Aussichten auf den Hafen bietet das kleine, elegante Stadthotel *Biokovo,* das direkt an der Hafenpromenade liegt. Zum Hotel gehört ein beliebtes Café mit großer Terrasse vor dem Haus, von der aus man das Leben des Städtchens auf sich wirken lassen kann *(54 Zi. | Obala Kralja Tomislava | Tel. 021/61 52 44 | Fax 61 50 81 | www.hotelbiokovo.hr | €€).* Wie ein Reisender der k. u. k. Epoche können Sie sich im *Hotel Porin* fühlen. Es residiert mit elegant eingerichteten Zimmern in einem kleinen Palais aus dem 19. Jh. direkt an der Uferpromenade *(7 Zi., 1 Apt. | Marineta 2 | Tel. 021/61 37 44 | Fax 61 36 88 | www.hotel-porin.hr | €€). Auskunft: Tourist Info | Obala Kralja Tomislava, Makarska | Tel./Fax 021/ 61 20 02 | www.makarska-info.hr*

Von der Magistrale führt eine kleine Straße hinauf in den Weiler *Mlinice*. Die Spezialität in der ==Trattoria Mlinice== ist Danilos Peka für Freunde, die er mit Calamares, Fisch oder Fleisch zubereitet *(ab 4 Personen auf Vorbestellung | Tel. 021/61 58 89 | €€).*

Insider Tipp

OMIŠ   [127 D3]

Zwischen der Makarska-Riviera und Split liegt die Stadt Omiš (5000 Ew.) am gewaltigen Canyon, der das Mosor-Gebirge durchbricht und das Wasser des Flusses Cetina zum Meer leitet. Bevor die Stadt im 15. Jh. als Besitz des Königreichs Bosnien an Venedig fiel, hatten die Neretvaner hier ihren letzten Hauptsitz. Nach der letzten Strafexpedition im 13. Jh. verschwanden die über 500 Jahre im

gesamten Adriaraum als Piraten Gefürchteten aus der Geschichte. Berühmt ist der ==Klapa-Chor== aus Omiš: Die Männer sind so gut im dalmatinischen A-cappella-Gesang, dass sie regelmäßig den Wettbewerb beim Klapa-Festival im Juli gewinnen.

Von der Ruine der *Festung Starigrad*, 311 m über der Stadt, hat man einen wundervollen Blick. Ein ähnlich beeindruckendes Panorama genießen die Gäste des Hotels *Villa Dvor* am Hang der Altstadt gegenüber *(23 Zi. | Tel. 21/86 34 44 | Fax 86 34 52 | www.hotel-villadvor.hr | €€).* Es lohnt sich auch, die wildromantische *Cetina-Schlucht* ein Stück hinaufzufahren. Kleine Boote tuckern von Omiš in einer halben Stunde bis zur Wassermühle *Radmanove mlinice*, einem beliebten Ausflugslokal und Ausgangspunkt für schöne Wanderungen durch das grüne Mosor-Gebirge. *Auskunft: Tourist Info | Trg Kneza Mislava | Omiš | Tel./Fax 021/86 13 50 | www.tz-omis.hr*

TUČEPI   [127 E4]

Längst nicht so städtisch wie Makarska, aber ebenso lebhaft, ist Tučepi mit

> IVAN MEŠTROVIĆ
Dalmatiens bedeutendster Bildhauer

Auf die Werke von Ivan Meštrović (1883–1962) trifft man auf der Reise durch Dalmatien immer wieder: monumentale Denkmäler, die an verdiente Persönlichkeiten erinnern. Der Künstler legte sich nicht fest: Sein großes Werk spiegelt die unterschiedlichsten Trends im Bereich der bildenden Kunst wider.

Die ehemalige Sommervilla des kroatischen Bildhauers in Split beherbergt eine umfangreiche Sammlung seiner Werke. Auch im Garten sind seine Skulpturen zu sehen. *Sommer Di–So 9–19 Uhr, Winter Di–Sa 9–16, So 10–15 Uhr | 30 Kuna | Šetalvte Ivana Meštrovića 46*

seinem 3 km langen Kieselstrand. Oberhalb der Marina befindet sich das stilvoll eingerichtete *Hotel Laurentum (40 Zi., 3 Apts. | Kraj 43 | Tel. 021/60 59 00 | Fax 60 59 02 | www.hotellaurentum.com | €€€)*. Vom Zentrum des Orts wandert man rund 45 Minuten hinauf zum Bergdorf *Gornji Tučepi*. In herrlicher Panoramalage verbirgt sich hier eine Gourmetoase, das *Restaurant Jeny (Gornji Tucepi 22 | Tel. 021/62 37 04 | www.restaurant-jeny.hr | €€€)* mit leichter und kreativer, mediterraner Küche. *Auskunft: Tourist Info | Kraj 103 | Tučepi | Tel./Fax 021/62 31 00 | www.tucepi.com*

SPLIT

KARTE IN DER HINTEREN UMSCHLAGKLAPPE

[126 C3] Der mächtige *Diokletianpalast* auf der rechten Seite der Altstadtzeile, davor die von Blumen, Palmen und bunten Flaggen gesäumte Hafenpromenade, links davon die grüne Halbinsel mit dem Hügel *Marjan*, im Wasser große und kleine Schiffe, die auf die mediterrane Großstadtkulisse langsam zusteuern: Split (200 000 Ew.), größte Stadt in Dalmatien, Metropole von Wirtschaft und Handel, Verwaltung und Bildung, Kunst und Kultur, hat viele Gesichter. Ihr schönstes ist jenes, mit dem die Stadt zur Adria hinausblickt.

Den Grundstein für Split legte der römische Kaiser Diokletian, ein romanisierter Illyrer (er regierte 284 bis 305), indem er sich hier, in der Nähe seiner Heimatstadt Salona (heute Solin), einen prunkvollen Alterssitz bauen ließ. Als Salona später von den einwandernden Slawen und Awaren

Der Diokletianpalast mit der Kathedrale Sv. Duje grenzt direkt an den Hafen

zerstört wurde, flüchtete sich die Bevölkerung in die alte Palastanlage und passte sie ihren Bedürfnissen an, indem sie u.a. das Mausoleum des letzten römischen Christenverfolgers Diokletian zur Kathedrale *Sv. Duje* umbaute. Die in *Solin* ausgegrabenen römischen Ruinen vermitteln nur Fachkundigen einen Eindruck von der einstigen Bedeutung der Stadt.

■ SEHENSWERTES ■

Für einen Kurzaufenthalt in Split empfiehlt es sich, zuerst den *Diokletianpalast* mit der unmittelbar anschließenden *Altstadt* zu besuchen. Verweilen Sie zwischendurch für einen Espresso im *Peristyl*, auf dem *Narodni trg* oder auf dem *Trg Braće Radica*, um die lebendige Atmosphäre in diesen historischen Mauern mit Muße zu erleben.

ARCHÄOLOGISCHES MUSEUM (ARHEOLOŠKI MUZEJ)

Hier werden u. a. die schönsten Fundstücke aus den antiken Ruinen von Salona gezeigt. *Mo–Sa 9–14, 16–20 Uhr (im Winter kürzer) | 20 Kuna | Zrinjsko-Frankopanska ul. 25*

kaiserlichen Gemächer vermitteln. Geradeaus, an den Schmuck- und Kunstständen vorbei, kommt man ins *Peristyl*, in den von korinthischen Säulen eingerahmten Innenhof mit einem Café. Rechts davon liegt die Kathedrale *Sv. Duje*, das umgebaute Mausoleum von Kaiser Diokletian. Vom Peristyl geradeaus gelangt man durch die *Porta Aurea* (Goldenes Tor)

Detail des Diokletianpalasts: Korinthische Kapitelle krönen die Arkadensäulen

DIOKLETIANPALAST ⭐

Diese römische Palastanlage (180 mal 215 m) ist die einzige erhaltene überhaupt und das bedeutendste Bauwerk aus der Römerzeit in Dalmatien. Betritt man den Palast durch das *Seetor*, erkennt man zur rechten und linken Seite die kunstvoll gemauerten Kellergewölbe, die einen Eindruck vom Grundriss der einst darüber gelegenen

an die Nordseite der Palastmauer. Hier steht eine fast 8 m hohe *Bronzestatue* des für die frühchristliche kroatische Geschichte wichtigen Bischofs Gregor von Nin. Es soll Glück bringen, wenn man seine schon ganz abgegriffene Schuhspitze berührt. Auch diese Skulptur ist ein Werk des Bildhauers Ivan Meštrović. Die *Porta Argentea* (Silbernes Tor) führt zu den Souvenirständen längs der Palastmauer und zum Markt auf der Ostseite. Die Altstadt betritt man durch die *Porta Ferrea* (Eisernes Tor) und kommt so auf den *Narodni trg* (Volksplatz) mit dem *Alten Rathaus*, in dem das Ethnografische Museum untergebracht ist.

KATHEDRALE SV. DUJE

Die Kathedrale ist ein architektonisches Meisterwerk, an dem Baumeister seit byzantinischer Zeit gebaut haben. Ihren Kern bildet das achteckige *Mausoleum* des römischen Kaisers Diokletian, dessen korinthischer Säulenschmuck heute einen der schönsten Altäre Dalmatiens einrahmt: Juraj Dalmatinac, der begnadete Renaissance-Künstler aus Zadar, schmückte ihn 1422 mit einem anrührenden Relief der Geißelung Christi. Beachtenswert ist auch das reich dekorierte romanische Portal. *Mo–Sa 7–12, 16–19 Uhr | 10 Kuna*

MUSEUM KROATISCHER ARCHÄOLOGISCHER DENKMÄLER (MUZEJ HRVATSKIH ARHEOLOŠKI SPOMENIKA)

Das in einem modernen Gebäude untergebrachte Museum trägt zum Verständnis des Geschichtsbewusstseins der Kroaten bei. Zu den Exponaten zählen das *Taufbecken* aus Nin (9. Jh.) des ersten christlichen kroatischen Fürsten Višeslav und der Sarkophag von Königin Jelena, Frau von König Krešimir (10. Jh.). Auf Steintafeln erkennt man typische Symbole des altkroatischen Christentums: Vögel mit Kornähren, rankende Wein- und Olivenbaumblätter. *Mo–Fr 9–16, Sa 9–14 Uhr | 10 Kuna | Gunjačina*

ESSEN & TRINKEN

BOBAN

Elegant und sehr gediegen ist der Rahmen für eine der besten Fischküchen von Split. *Hekrorićeva 49 | Tel. 021/54 33 00 | €€€*

PIZZERIA ZLATNA VRATA

Pizza und Pasta im Innenhof des ehemaligen Dominikanerklosters am Diokletianpalast. Spezialität ist die Pizza aus Vis, gefüllt mit Sardinen, Zwiebeln und Tomaten. *Majstora Jurja | Tel. 021/34 87 99 | €*

ŠPERUN

Fisch wie Fleisch kommen hier sorgfältig zubereitet und aromatisch gewürzt auf den Tisch. *Šperun 3 | Tel. 021/34 69 99 | €€*

ÜBERNACHTEN

LE MERIDIEN LAV

Die 381 Zimmer dieses neuen Luxushotels am Strand, 8 km südlich von Split, verteilen sich auf vier Gebäude in einem üppigen Garten. Tennisakademie, Wellness- und Wassersportzentrum, Kasino, acht Restaurants und Bars, Nachtclub sowie ein Kinderclub runden das Freizeitprogramm ab. *Grljevacka 2 | Podstrana | Tel. 021/50 05 00 | Fax 50 07 05 | www.starwoodhotels.com | €€€*

PARK

Eleganz und mediterraner Charme vereint das ruhig gelegene, kleine Stadthotel unweit des Stadtstrands Bačvice, 20 Gehminuten von der Altstadt entfernt. *57 Zi. | Hatzeov perivoj 3 | Tel. 021/40 64 00 | Fax 40 64 01 | www.hotelpark-split.hr | €€€*

VILLA ANA
Familiäre Pension in einem alten Steinhaus, nicht weit vom Fährhafen. *5 Zi.* | *Vrh Lučac 16* | *Tel. 021/ 48 27 15* | *Fax 021/48 27 21* | *www. villaana-split.hr* | €

■ AM ABEND ■■■■■■■■■■
Der Abend beginnt im ▶▶ *Getto (Dosud 10)*, wo man lässig zwischen Blumen und Springbrunnen in tiefen Sesseln versinkt. Die Jungen und Schönen sind später nachts im ▶▶ *Tribu (Osmih Mediteranskih Igara 3)* anzutreffen, wo internationale Top-DJs die Stimmung zum Kochen bringen. Da kommt der Pool des Clubs gerade recht. Das Spliter Szene-„Mittelalter" zieht das entspannte Flair des *Planet Jazz (Grgura Ninskog)* vor. Das Programm des Spliter *Theaters* umfasst Oper, Ballett und Konzerte. Informationen bei der Touristnformation oder unter *www.hnk-split.hr*.

■ SCHIFFSVERBINDUNGEN ■
Regionale Fährlinien ab Split zu den Inseln *Brač, Hvar, Korčula, Lastovo, Vis* und *Šolta*. Die Küstenlinie verbindet Split täglich mit *Rijeka* und *Dubrovnik;* außerdem in der Saison dreimal pro Woche *Split–Ancona*.

■ AUSKUNFT ■■■■■■■■■■
TOURIST INFO SPLIT
Peristil b.b. | *Tel. 021/34 56 06* | *Fax 33 98 98* | *www.visitsplit.com*

■ ZIELE IN DER UMGEBUNG ■
**KAŠTELA –
STRASSE DER KASTELLE**   [126 C3]
Die Kaštela verläuft parallel zur Adria-Magistrale zwischen Split und Trogir. Sie verbindet vor den Hängen

des Kozjakgebirges sieben am Meer gelegene alte Kastelle: *Sućurac, Gomilica, Kambelovac, Lukšić, Stari, Novi* und *Štafilić*. Um jedes hat sich ein kleiner Ort gebildet. Vor rund 500 Jahren wurden diese Festungen von Adeligen aus der Umgebung zum Schutz vor Türken und Seeräubern gebaut. Am schönsten ist das von den Benediktinerinnen auf einen Meeresfelsen gebaute *Kaštel Gomilica*.

Die Kaštela ist ein beliebtes Ausflugsziel der Einwohner von Split. Im fruchtbaren Hinterland wachsen die Trauben des vorzüglichen Weins „Kaštelet". Außerdem wird viel Obst und Gemüse angebaut, vor allem Kirschen. Eine urige Konoba finden Sie am Hafenbecken von *Kaštel Novi:* Bei *Sv. Jure* werden dalmatinische Spezialitäten wie *scampi buzara* oder der Fischeintopf *brodet* aufgetischt. In gemütlichen Zimmern können Sie hier auch übernachten *(7 Zi.* | *Tel. 021/23 27 59* | *www.svjure.com* | €). *Auskunft: Tourist Info Kaštela* | *Dvorac Vitturi* | *Brce 1* | *Kaštel Lukšić* | *Tel. 021/22 83 55* | *Fax 22 79 33* | *www.kastela-info.hr*

SINJ   [127 D2]
Der 35 km lange Weg von Split nach Sinj beantwortet die Frage, was sich wohl hinter den mächtigen Küstengebirgswällen verbirgt. Hinter Klis beginnt die *Zagora*, eine felsige, ziemlich ärmliche Karstlandschaft, in der nur die Täler *(polje)* fruchtbare Ackerböden liefern. Am Rand des weiten, ebenen *Sinjsko polje*, durch das der Fluss Cetina fließt, liegt Sinj (4500 Ew.), in der Geschichte ständig von Türken und Venezianern umkämpft. Zuletzt 1715, als die Vene-

zianer mit Unterstützung eines Bauernheers die Schlacht für sich entschieden. Seitdem feiert Sinj alljährlich am ersten Wochenende im August die *Sinjska alka* mit Ringreiterspielen in Originaltracht und Uniform. Im Hippodrom stehen die Pferde der Alkarenritter, die heute zur Garde des Präsidenten von Kroatien gehören.

ŠOLTA (INSEL) [126 B–C3–4]

Nur 15 km liegt Šolta (57 km², 1500 Ew.) vom Festland entfernt. Der Kontrast zwischen der quirligen Hafenstadt Split und dem ländlichen Idyll dieser 19 km langen Insel mit ihren acht winzigen Ortschaften könnte nicht größer sein. An Sommerwochenenden kommen die Städter scharenweise zum Baden hierher. Alle Dörfer sind mit asphaltierten Straßen verbunden. Die abgelegenen, schönen Buchten auf der fast unbewohnten Südseite erreichen Sie jedoch nur zu Fuß oder mit dem Boot. Urlauber wohnen in Apartments und privaten Ferienhäuschen, die sich gut ins Bild der Insel einfügen, oder buchen Luxus im Schloss: Das im 17. Jh. erbaute Anwesen der Adelsfamilie Marchi in Maslinica dient heute als exquisites *Hotel Martinis Marchi* mit elegantem, hochgelobtem Restaurant *(6 Zi. | Tel./Fax 021/ 57 27 68 | www.martinis-marchi.com | €€€)*. Die Dörfer *Grohote, Maslenica* und *Stomorska* sind die größeren, aber immer noch sehr geruhsamen Zentren der Inselgemeinde. *Autofähre und Tragflügelboot mehrmals täglich ab Split. Auskunft: Tourist Info | Grohote | Tel. 021/65 41 51 | Fax 65 41 30 | www.solta.hr*

TROGIR

 KARTE IN DER HINTEREN UMSCHLAGKLAPPE

[126 B3] **Die über jeweils eine Brücke mit dem Festland und mit der Insel Čiovo verbundene, weit über 2000 Jahre zählen-**

Hat sich seine Ursprünglichkeit bewahrt: das Dorf Grohote auf Šolta

de Altstadtinsel ist eine Schatzkammer der Kunst. In engem Nebeneinander verwoben sind hier Kirchen, Paläste und Bürgerhäuser, romanische und gotische Fenster, enge Gassen und lichte Höfe, Torbögen und Treppen. 1998 wurde Trogir als Ensemble von der Unesco zum Welterbe erklärt.

Straßencafés, Läden und Restaurants in altem Gemäuer halten die Stadt lebendig und attraktiv. An der Brücke nach Čiovo befinden sich das *Hafentor* und eine kleine *Loggia*. Das Tor öffnet sich in die schmale *Gradska*, die auf den Hauptplatz mit der Kathedrale führt.

■ SEHENSWERTES ■

BENEDIKTINERINNENKLOSTER (SAMOSTAN SV. NIKOLE XIST)

Gleich hinter dem Eingang zur Gradska hütet das sakrale Museum des Benediktinerinnenklosters einen kostbaren Schatz – ein griechisches Steinrelief aus dem 3. Jh. v.Chr. Dargestellt ist Kairos, der Gott des günstigen Augenblicks: ein geflügelter Jüngling mit langer Stirnlocke und kahlem Hinterkopf. „Die Gelegenheit beim Schopf packen", eine geläufige Redewendung – den alten Griechen war sie eine Gottheit wert. *Zzt. wegen Renovierung geschl., sonst im Sommer tgl. 10–12, 16–18 Uhr | 10 Kuna*

HAUPTPLATZ (GRADSKI TRG)

Das dominierende Bauwerk auf dem Hauptplatz ist die ★ *Kathedrale Sv. Lovro*, deren Bau um 1200 begonnen und erst 1605 mit dem Turm vollendet wurde: Romanik bis Renaissance in vollendeter Form. Ein Meisterwerk des Bildhauers Meister Radovan ist das *Hauptportal* (13. Jh.) mit den beiden Löwen sowie Adam und Eva links und rechts neben der Domtür. Darüber spannt sich ein Reliefreigen von Heiligenfiguren, Jagdszenen, Tier- und Pflanzenornamenten. Links vom Portal befindet sich die 1464 vollendete *Taufkapelle*. Im Inneren des Doms steht die *Kapelle Sv. Ivan Ursini*, ein beeindruckendes Denkmal der Renaissance in Dalmatien. ☀ Der Aufstieg zum Glockenturm eröffnet den Blick über die Dächer von Trogir *(Kathedrale und Turm im Sommer tgl. 9–18 Uhr | 20 Kuna)*.

An der Ostseite des Hauptplatzes steht der *Fürstenpalast* (heute das Rathaus), schon im 13. Jh. erwähnt, mit romanischen Arkaden und gotischen Fenstern. An der Wand sind die Wappen der adligen Familien von Trogir zu sehen. An der Südseite grenzt der *Uhrturm* an die *Loggia* (beide 15. Jh.). Der Richtertisch aus Stein stammt noch aus der Zeit, als in der Loggia öffentlich Gericht gehalten wurde.

STADTMUSEUM (GRADSKI MUZEJ)

Gegenüber der Kathedrale ist der barocke *Palast Garagnin* beachtenswert, der heute das *Stadtmuseum* beherbergt. Das Lapidarium im Innenhof birgt auch ein Relief des illyrischen Gottes Silvanus aus dem 2. Jh. *Sommer Mo–Sa 9–12 u. 17–20, Winter 9–14 Uhr | 10 Kuna*

■ ESSEN & TRINKEN ■

ALKA

Fisch und Fleisch vom Holzkohlengrill schmecken sehr gut, und der Service ist aufmerksam. Das Besondere aber sind die paar Tische auf der intimen, romantischen Dachterrasse. *Augustina Kažotića 15 | Tel. 021/ 88 18 56 | €€*

KONOBA PAŠIKE

Gegenüber vom Hotel Pašike. Traditionelle Speisen serviert die Bedienung in der alten Trogirer Tracht. Auch gibt es preiswerte Tagesmenüs.

Im Sommer wird jeden Tag abends dezente dalmatinische Musik live dargeboten. *Sinjska | Tel. 021/ 88 51 85 | €€*

TRI VOLTA
In dem einfachen, sympathischen Altstadtlokal gibt es neben den üblichen Fleisch- und Fischgerichten auch kleine Snacks und Salate. *Ribarska 8 | Tel. 021/88 48 79 | €*

EINKAUFEN

MARKT
Wenige Schritte hinter dem Landtor befindet sich der Markt. Täglich verkaufen hier die Bauern aus der Umgebung frisches Obst und Gemüse. Im Frühsommer sollten Sie unbedingt einmal die köstlichen Kirschen probieren.

ÜBERNACHTEN

PAŠIKE 🔊
Mit antikem Mobiliar stilvoll eingerichtete Zimmer in ruhiger Altstadtgasse. *7 Zi., 1 Apt. | Sinjska | Tel. 021/ 88 51 85 | Fax 79 77 29 | www.hotel pasike.com | €€*

AUSKUNFT

TOURIST INFO
Trg Ivana Pavla II/1 | Tel./Fax 021/ 88 56 28 | www.tztrogir.hr

VIS (INSEL)

[126 B5] Die Insel Vis (90 km²) liegt weit draußen im Meer, am Eingang zum Dalmatinischen Archipel. Das fruchtbare Hochplateau im Herzen der gebirgigen Insel ist mit den Rebstöcken der weißen Vugavatraube und verschie-

Blick über die Dächer von Trogir mit seinem 2000 Jahre alten Stadtkern

denen Gemüsesorten bestellt. Um die 4000 Inselbewohner leben je zur Hälfte in den auffallend städtisch geprägten Küstenortschaften *Vis* und *Komiža*, die eine neue Straße verbindet. Landschaftlich reizvoller, aber schmal und kurvig ist die alte Küstenstraße.

Die alten Griechen, die die Insel *Issa* nannten, brachten die Reben, die Venezianer die Architektur, die Engländer bauten in napoleonischer Zeit die Befestigungsanlagen und die k.u.k. Österreicher die Leuchttürme sowie die erste Straße. Im Jahr 1944 verbarg sich der Partisan und spätere Ministerpräsident Josip Broz Tito in einer Höhle *(Titova špilja)* im höchsten Berg *Hum* (587 m) vor den Deutschen. 1976–89 hatte Jugoslawien die Insel zum militärischen Sperrgebiet erklärt und für Ausländer geschlossen.

■ ORTE AUF VIS

KOMIŽA [126 B5]

Im Norden der weiten Bucht von Komiža, der die Insel Biševo vorgelagert ist, liegt an einem schönen Kieselstrand das *Hotel Biševo (126 Zi. | Tel. 021/71 31 44 | Fax 71 30 98 | www.hotel-bisevo.com | €€)*, das einzige Hotel am Ort. Hinter der Fischfabrik, die im Sommer geschlossen ist, befinden sich fünf weitere kleine Badebuchten mit sprudelnden Süßwasserquellen.

An der Hafeneinfahrt steht das alte *Kastell* (16. Jh.), heute *Fischereimuseum (Juni–Sept. Mo–Sa 10–12, 19–22, So 19–22 Uhr | 10 Kuna)*, in dem ein typisches Fischerboot von Vis, ein *falkuša*, zu sehen ist. Vom ☀ Turm hat man einen schönen Blick auf die Stadt und die Insel Biševo. Unweit des Zentrums, direkt am Strand, überrascht die originell eingerichtete Konoba *Bako* mit antiken Amphoren, einem Anker aus dem 5. Jh. und einer alten Traubenpresse *(Tel. 021/71 37 42 | €€)*. Die Inhaber betreiben auch eine Tauchschule. Originell ist die Konoba *Jastožera* mit ihrem Holzponton über den Becken einer ehemaligen Hummerzucht; Fisch, Hummer und Meeresfrüchte geben hier den Ton an *(Gundulićeva 6 | Tel. 021/71 38 59 | €€€)*. Auskunft: *Tourist Info Riva | Komiža | Tel./Fax 021/71 34 55 | www.tz-komiza.hr*

VIS (ORT) [126 B5]

Der Ort Vis erstreckt sich auf der Nordseite der Insel um die geschützte Bucht *Viški zaljev*. Im *Park*, gleich neben dem Autofährkai, wachsen sieben verschiedene Palmenarten. Funde aus griechischer Zeit vermitteln in dem von den Österreichern erbauten Haus *Baterija della Madonna*, heute Museum, einen Eindruck vom alten Issa *(Šetalište Višk Boj 12 | Sommer Di–So 10–13, 17–20 Uhr | 20 Kuna)*. Am Eingang zur Bucht liegen die Ruinen der Anfang des 19. Jhs. von den Engländern erbauten Festung. Erhalten geblieben ist der ☀ *St.-Georg-Turm*, ein schöner Aussichtspunkt auf das Meer.

In der Altstadt verwöhnt das kleine *Hotel San Giorgio* mit 16 angenehmen Zimmern und gutem Restaurant *(Petra Hectorovića 2 | Tel. 021/71 13 62 | http://hotelsan giorgiovis.com | €€)*. Im alten Stadtviertel, in *Kut*, finden Sie mehrere Konobas. Das *Pojoda* hat sich unter

REGION SPLIT

Feinschmeckern einen besonderen Ruf erworben. Hier kocht Zoran Brajčić in Anlehnung an die alten Rezepte von Vis *(Don C. Marasovića 8 | Tel. 021/71 15 75 | €€€)*. Nach einem guten Essen entspannt man in der stylischen ▶▶ Loungebar *Lambik* im selben Stadtteil.

■ SCHIFFSVERBINDUNG ■

Autofähre in der Saison: dreimal täglich Split–Vis.

■ ZIEL IN DER UMGEBUNG ■

BIŠEVO [126 B5]

Täglich fahren kleine Ausflugsboote von Komiža hinüber zur nur 6 km²

In Komiža ließen sich schon im 12. Jh. Benediktinermönche nieder

Vis und das benachbarte Biševo sind reich an unterseeischen Grotten – ein vielseitiges Tauchrevier, in dem auch Wracks betaucht werden. *Dodoro-Diving* bietet kompetent geführte Tauchkurse und -exkursionen an *(Obala Sv. Jurja | Tel. 021/71 16 95 | www.dodoro-diving.com)*. *Auskunft: Tourist Info | Šetalište stare Isse 2 | Vis | Tel. 021/71 70 17 | Fax 71 70 18 | www.tz-vis.hr*

großen Insel *Biševo.* In die berühmte ★ *Blaue Grotte (Modra špilja)* kann man nur bei glatter See einfahren. Um die Mittagszeit fällt das Sonnenlicht durch ein unter dem Meeresspiegel gelegenes Felsentor und verzaubert die Höhle mit einem prachtvollen Farbenspiel. Biševo hat 14 ständige Bewohner und einige private Ferienunterkünfte. *Auskunft: Tourist Info Komiža*

> BESTER WEIN UND VIEL KULTUR

Der weite Weg in den Süden lohnt sich: Die Schatzkammer des Landes öffnet ihre Tore

> Vom Neretva-Delta bis an die Bucht von Kotor säumt das Karstgebirge der Dinarischen Alpenkette diesen schmalen Küstenstreifen, eine subtropisch-mediterrane Gartenlandschaft entlang der Grenzen zu Bosnien-Herzegowina und Montenegro.

Mittelpunkt der Region ist die alte Handelsmetropole Dubrovnik, die sich über Jahrhunderte, bis 1808, ihren Status als Freie Republik Ragusa im venezianischen, bosnisch-serbischen, osmanischen und kroa-tisch-ungarischen Machtkampfbereich erhalten konnte. Dem Festland vorgelagert sind die Halbinsel Pel-ješac, die Elaphitischen Inseln Ko-ločep, Lopud und Šipan sowie die Inseln Korčula, Mljet und Lastovo. Buchtenreiche Küsten, historische Seefahrerstädtchen, einige der besten Weinbaugebiete Dalmatiens und die Königin der Adria, Dubrovnik, haben Süddalmatien einen enormen touristi-schen Aufschwung beschert.

Bild: Dubrovnik

REGION DUBROVNIK

CAVTAT

[129 E6] **Malerisch liegt das Städtchen auf einer üppig bewaldeten Landzunge am Rand der Bucht *Župski zaljev*.** Lauschige Spazierwege und weitläufige Kieselstrände füllen hier jeden Sommer die Unterkünfte bis zum letzten Gästebett. Cavtat (1700 Ew.) ist berühmt für fröhliches Urlaubsvergnügen. An den Hotelstränden finden Sie zahlreiche Angebote: Jetski, Bananaboot und Tube. Für Taucher werden Tauchgänge zu Amphoren, Wracks und Unterwasserhöhlen organisiert.

Die Geschichte des Orts reicht weit zurück bis in die Antike, als er eine blühende griechisch-römische Kolonie war. Vor dem Ansturm der Slawen und Awaren flüchteten sich die Bewohner im 7. Jh. auf eine 17 km entfernte kleine Felseninsel – die Keimzelle der alten Stadt Ragusa, aus der später Dubrovnik wurde.

CAVTAT

■ SEHENSWERTES

MAUSOLEUM
Am Ende der Promenade führt ein Treppenweg vom Franziskanerkloster zum höchsten Punkt der Halbinsel. ☀ Auf dem Friedhof steht das Mausoleum der Reederfamilie Račić, das der Bildhauer Ivan Meštrović 1920–22 geschaffen hat. *Sommer Mo–Sa 9–12, 16–20 Uhr | 10 Kuna*

REKTORENPALAST (KNEŽEV DVOR)
Im Zentrum der weit geschwungenen Uferpromenade steht der Palast, der früher der Sitz des Statthalters von Dubrovnik war. Heute beherbergt das Renaissancegebäude das *Stadtmuseum* mit einer 10 000 Blätter umfassenden Grafiksammlung (u.a. auch

Orangen frisch vom Baum: köstlich!

Zeichnungen von Albrecht Dürer) und der wertvollen Bibliothek des Rechtsgelehrten Baltazar Bogišić. *Mo–Sa 9.30–13 Uhr | 15 Kuna*

■ ESSEN & TRINKEN

KOLONA ☀
Von der ruhigen Terrasse im Grünen können Sie das Leben im Ort aus der Vogelperspektive betrachten. Empfehlenswert sind die gegrillten Meeresfrüchte am Spieß. *Put Tihe 2 | Tel. 020/47 87 87 | €€*

LEUT
Restaurant mit langer gastronomischer Tradition im Herzen der Stadt an der Promenade. Bekannt für sein Risotto mit Scampi und für unter der Peka gegarten Fisch. *Trumbićev put 11 | Tel. 020/47 84 77 | €€*

■ ÜBERNACHTEN

ALBATROS
Das frisch renovierte Hotel liegt in der 800 m vom Stadtzentrum entfernten Bucht *Tiha* vor einem seicht abfallenden Kieselstrand. Es gibt auch einen Wellnessbereich mit Fitnesscenter. *283 Zi. | Od Zala 1 | Tel. 020/47 13 33 | Fax 47 12 93 | www.iberostar.com | €€€*

CASTALLETTO
Nette, familiäre Pension oberhalb des Hafens mit modernen, jüngst neu eingerichteten Zimmern. *14 Zi. | Frana Laureana 22 | Tel. 020/479547 | Fax 47 95 48 | www.dubrovnikexperience.com | €€*

VILLA KVATERNIK ☊
Fünf schlicht-elegante Zimmer und eine Suite in einem Palazzo aus dem 15. Jh.: eine sehr stilvolle Unterkunft für Romantiker. *Kvaternikova 3 | Tel. 020/47 98 00 | Fax 47 98 08 | www.hotelvillakvaternik.com | €€–€€€*

■ AUSKUNFT

TOURIST INFO
Tiha 3 | Tel. 020/47 90 25 | Fax 47 80 25 | www.tzcavtat-konavle.hr

REGION DUBROVNIK

■ ZIELE IN DER UMGEBUNG ■

KONAVLE [129 E6]

Das Tal Konavle, zwischen dem Meer und einer halbkreisförmigen Bergkette, ist Süddalmatiens Speisekammer im Dreiländereck von Kroatien, Bosnien und Montenegro. Hauptort von Konavle ist *Gruda*. Von hier führt ein ausgeschilderter Weg zum wenige Kilometer entfernten Ausflugsrestaurant *Konavoski dvori*, romantisch am Fluss Ljuta gelegen. In der Tracht von Konavle serviert man Ihnen hier regionale Küche, u.a. Lammgerichte, Forellen und frisches, selbst gebackenes Brot *(Ljuta | Tel. 020/79 10 39 | €€)*. Traditionelle Spezialitäten aus dem Konavle finden Sie auch in der nur wenige Hundert Meter entfernten kleinen Konoba *Vinica*, die ebenfalls am Fluss Ljuta liegt *(Tel. 020/ 79 12 44 | €)*.

Der südlichste Ferienort an der Küste Dalmatiens ist *Molunat*, vor einer bewaldeten Halbinsel gelegen, die dem Fischerdorf zwei schöne Buchten beschert. Hier gibt es keine Hotels, nur ein paar Privatvermieter. *16 km südöstlich*

Cavtat: beliebtes Ferienziel im Süden der dalmatinischen Küste

DUBROVNIK

KARTE IN DER HINTEREN UMSCHLAGKLAPPE

[129 D5] „Perle der Adria", Welterbe am Fuß kahler Karsthänge. Mit 50 000 Ew. ist Dubrovnik heute fast eine Großstadt. Jener Teil des alten Ragusa (den

MARCO POLO HIGHLIGHTS

★ **Altstadt Dubrovnik**
Innerhalb der mächtigen Festungsmauern lebt die Erinnerung an die Freie Republik Ragusa weiter (Seite 80)

★ **Botanischer Garten**
Renaissancepark in Trsteno mit mediterranen und exotischen Pflanzen und Bäumen aus aller Herren Länder (Seite 85)

★ **Korčula (Ort)**
In den malerischen Gassen soll Marco Polo geboren worden sein (Seite 88)

★ **Lastovo (Insel)**
Das grüne Eiland gilt als Geheimtipp für individuelle Robinson-Ferien (Seite 91)

★ **Mljet**
Ein schönes Stück Natur ist der See mit der Insel auf der Insel Mljet (Seite 91)

Namen Dubrovnik trägt die Stadt offiziell erst seit 1918), der rund ums Jahr unzählige Touristen anlockt, ist die von einer imposanten Befestigungsmauer umgebene *Altstadt*. In diesem Herzstück der einstigen Freien Seerepublik – weitgehend unabhängig vom Mittelalter bis Anfang des 19. Jhs. und **heute komplett mit WLAN ausgestattet** – konzentrieren sich die wichtigsten Sehenswürdigkeiten. In nördlicher Richtung schließt sich der heutige Geschäftsbezirk an. Er verbindet die Altstadt mit dem Stadtteil *Gruž* und seinen Hafen- und Werftanlagen. Ihnen vorgelagert ist die mit Kiefernwald bewachsene Halbinsel *Lapad*, grüne Lunge der Stadt und Revier für geruhsame Ferien am Meer.

Insider Tipp

■ SEHENSWERTES ■

ALTSTADT ⭐ 🌐

Das harmonische Gefüge des alten Stadtkerns und seine zahlreichen einzelnen Bau- und Kunstdenkmäler erheben Dubrovnik zu einer historischen Metropole mediterranen Weltkulturguts. Am besten fährt man von Gruž oder Lapad mit dem Linienbus bis vor das *Piletor* an der Westseite. Neben dem Tor befindet sich einer der Aufgänge zur 1949 m langen, begehbaren *Befestigungsmauer*.

Durch das Piletor mit der Statue des Stadtpatrons, des Sv. Vlaho (hl. Blasius), führt der Weg zunächst links zur *Erlöserkapelle Sv. Spas* (16. Jh.) und zur *Franziskanerkirche.* Dazwischen liegt ein schmaler Durchgang zum *Franziskanerkloster.* Vor dem Piletor ist der mit einer flachen Kuppel bedeckte *Große Onofriobrunnen* (1438), verziert mit 16 Wasserspielen, ein beliebter Treffpunkt der Jugend

und der Touristen. Hier beginnt die *Placa*, auch *Stradun* genannt, die Flaniermeile der Stadt. Sie führt über den zugeschütteten Meereskanal, der die beiden Siedlungen Ragusa und Dubrava früher trennte. Die auffallend schlichten, balkonlosen Häuserzeilen aus Naturstein wurden nach dem Erdbeben von 1667 auf die zerstörten Paläste beiderseits der Placa gebaut. Diese endet auf dem von repräsentativen Gebäuden umgebenen *Lužaplatz* mit dem *Kleinen Onofriobrunnen* und der *Rolandsäule* (1418), der mittelalterlichen Symbolfigur für Marktfreiheit und Handelsprivilegien. Die barocke Fassade gehört zur Kirche *Sv. Vlaho* (18. Jh.); ihr gegenüber liegt der *Sponzapalast* (16. Jh.).

An die Stirnseite des Lužaplatzes reihen sich vom links nach rechts der städtische *Glockenturm* (15. Jh.), das neogotische Gebäude (19. Jh.) mit dem *Theater* und dem *Stadtcafé* sowie der *Rektorenpalast.* Wenige Schritte weiter steht die eindrucksvolle Kathedrale *Velika Gospa.*

BEFESTIGUNGSMAUER (GRADSKA ZIDINE) ❈

Dubrovnik aus der Vogelperspektive und ein weiter Blick aufs Meer: am wirkungsvollsten ab dem späten Nachmittag, wenn die Ziegeldächer der rechtwinklig angelegten Altstadt unter den Strahlen der tief stehenden Sonne in warmen Rottönen kräftig leuchten. *Sommer tgl. 8–19.30, Winter 10–15 Uhr | 50 Kuna*

FRANZISKANERKLOSTER (FRANJEVAČKI SAMOSTANG)

Den Innenhof des Klosters (14. Jh.) umschließt ein Kreuzgang, getragen von filigranen Säulen. Am Kreuzgang steht die 1317 gegründete, noch im ursprünglichen Zustand erhaltene Apotheke, eine der ältesten in Europa, sowie die Klosterbibliothek. *Tgl. 9–18 Uhr | 25 Kuna*

REKTORENPALAST (KNEŽEV DVOR)

In völliger Abschirmung von Familie und Außenwelt führte hier ein Adliger aus der Stadt jeweils nur für einen Monat die Regierungsgeschäfte der Republik. Ganz im Geist von Dubrovnik prägt auch diesen Palast (15. Jh.) eine harmonische Schönheit ohne übermäßigen Prunk. Das heute hier untergebrachte Stadtmuseum dokumentiert den einstigen Alltag der Republik: Zu sehen sind Schriftstücke, Stempel, Münzen, Waffen, Gewänder, Mobiliar, Gemälde und die Schlüssel der Stadttore. *Sommer tgl. 9–18, Winter Mo–Sa 9–13 Uhr | 35 Kuna*

SPONZAPALAST

An diesem Bauwerk aus dem 16. Jh. begegnen sich Spätgotik und Renaissance auf wunderbare Weise. In den als Zollamt erbauten Palast brachten Kaufleute ihre Handelsware aus aller Herren Länder. *Sommer tgl. 10–22, Winter 9–14 Uhr | 20 Kuna*

SV. VLAHO

Die barocke Kirche (18. Jh.) birgt auf dem Hochaltar eine besondere Kostbarkeit, die vergoldete Silberstatue des Stadtpatrons Sv. Vlaho.

VELIKA GOSPA

Der monumentale barocke Innenraum der Kathedrale (17. Jh.) beherbergt wertvolle Gemälde, unter anderem

Dubrovnik: der alte Hafen – auch Teile der Festungsanlagen sind zu sehen

am Hauptaltar ein Werk von Tizian, „Mariä Himmelfahrt". In der reichen Schatzkammer befindet sich unter den 138 Reliquien auch der in die Form einer byzantinischen Krone gefasste Schädel des Sv. Vlaho. *Mo–Sa 8–20, So 11–17.30 Uhr | 10 Kuna*

BUFFET KAMENICE ▶▶

Das gemütliche Lokal ist abends ein beliebter Treff der Einheimischen. Hier bekommen sie kleine Gerichte, verschiedene Risottos und Omeletts sowie frische Austern. *Gundulićeva poljana 8 | Tel. 020/42 14 99 | €€*

Insi
Tip

Flaniermeile: Die Placa, auch Stradun genannt, durchquert die Altstadt

■ ESSEN & TRINKEN ■

Parallel zur Placa verläuft die *Prijeko*, eine Gasse mit weinbewachsenen Fassaden. Hier finden Sie viele Restaurants.

ARSENAL

Das rustikal eingerichtete Restaurant neben dem altehrwürdigen Kaffeehaus serviert vornehmlich Fischgerichte; abends gibt's in der Saison Livemusik und Folklore. *Pred Dvorom | Tel. 020/32 14 14 | €€*

GRADSKAVANA

Neu möbliert und hell und licht gestaltet ist das Kaffeehaus nach wie vor der nachmittägliche Treffpunkt der Dubrovniker Intellektuellen. *Pred Dvorom | Tel. 020/32 10 65 | €*

KONOBA TAJ MAHAL

Nicht irritieren lassen: Hier wird traditionell bosnisch aufgekocht, mit den besten Čevapčići der Stadt! Genießen Sie sie, auch wenn kulinarisch anspruchsvolle Dalmatiner vielleicht über die pikanten Hackfleischröllchen die Nase rümpfen. *Nikole Gučetića | Tel. 020/32 32 21 | €*

LOKANDA PESKARIJA

Die rustikale Konoba liegt im alten Hafen direkt hinter dem Rektorenpalast. Einfache, frische Fischgerichte, gut zubereitet und preisgünstig. *Na Ponti | Tel. 020/32 47 50 | €*

MEA CULPA

Etwas versteckt in eine der hinteren Gassen parallel zur Placa bekommen sie in der Pizzeria Riesenpizzen und Pastagerichte. *Za rokom 3 | Tel. 020/ 32 34 30 | €*

PROTO

Das elegante Fischrestaurant mit der großen Dachterrasse befindet sich inmitten der Altstadt. *Širokowa 1 | Tel. 020/32 32 34 | €€€*

SESAME

Die Küche vermählt dalmatinische und mediterrane Einflüsse; viel Salat und Gemüse, dazu eine große Auswahl an Fisch und Fleisch. *Dante Alighieria b.b. | Tel. 020/41 29 10 | www.sesame.hr | €€– €€€*

◼ ÜBERNACHTEN ◼

Das Preisniveau der Hotels in Dubrovnik liegt deutlich über dem kroatischen Durchschnitt.

DUBROVNIK OH

Die Jugendherberge liegt zehn Gehminuten oberhalb der Altstadt. Gäste (ohne Altersbeschränkung) benötigen einen internationalen Jugendherbergsausweis. 19 einfache, saubere 4- und 6-Bett-Zimmer. *Vinka Sagrestana 3 | Tel. 020/42 32 41 | Fax 41 25 92 | www.hfhs.hr | €*

GRAND VILLA ARGENTINA ⌇

Rund 800 m von der Altstadt entfernt liegt das komfortable Hotel in einem Garten direkt über dem Meer. Eigener Badestrand, Indoorpool und ❋ Fitnessraum mit Blick auf das Meer. *159 Zi., 7 Suiten | Frana Supila 14 | Tel. 020/44 05 55 | Fax 43 25 24 | www.gva.hr | €€€*

KOMODOR

Ein gemütliches Hotel auf der Halbinsel Lapad; mit Swimmingpool. *63 Zi. | Masarykov put 5 | Tel. 020/*

>LOW BUDGET

> Im *Express Restaurant* können Sie sich selbst bedienen. Das Essen ist in Ordnung und deutlich günstiger als in den anderen Restaurants von Dubrovnik. *Ul. M. Kaboge 1*

> Pizza, Pasta und Salate sind im sympathischen Bistro *Buffet Atlas* an Cavtats Hafen besonders preiswert.

> Eine der vielen angesagten Bars in Dubrovnik befindet sich am *Buža-Beach:* Zugang durch das Sv.-Stjepan-Tor im Süden der Stadtmauer, dahinter Felsterrassen steil über dem Meer, Fackeln, Longdrinks. Auf der untersten Plattform dürfen die Leute ihre Getränke selbst mitbringen – gleicher Blick, aber halber Preis!

> Billig schlafen, Party feiern, Traveller treffen – Korčulas *Onelove Hostel* ist der richtige Ort dafür. *65 Betten | Hrvatske Bratske Zajednice 6 | Tel. 020/716 55, mobil 098/997 63 53 | www.korculabackpacker.com*

43 35 00 | Fax 43 73 33 | www.hotel imaestral.com | €€

STARI GRAD

Hübsches, kleines Altstadthotel in einem denkmalgeschützten Haus. ❄ Dachterrasse mit herrlichem Blick. *8 Zi. | Od Sigurate 4 | Tel. 020/32 22 44 | Fax 32 12 56 | www. hotelstarigrad.com | €€€*

VILA MICIKA

Familienpension oberhalb der Lapad-Bucht, einfach, aber ordentlich eingerichtet und für Dubrovniker Verhältnisse sehr günstig. *7 Zi. | Mata Vodopica 10 | Tel. 020/43 73 32 | Fax 020/43 73 23 | www.vilamicika.hr | €€–€€€*

■ AM ABEND ■

Galerien und Ateliers sind bis in die späten Abendstunden geöffnet. Im Sommer hat man allabendlich die Wahl zwischen Schauspiel, Konzert oder Folkloreaufführungen in den *Lazareti.* Eingeleitet wird der Du-

brovniker Abend zum Sonnenuntergang mit einem Drink an der Stadtmauer im *Revelin Club (Sv. Dominika bb).* In der urigen 🎵 Musikkneipe *Troubadour* gegenüber vom Rektorenpalast sind Jazz und Blues live angesagt. Die Szene trifft sich im ▶▶ *East-West Beachclub* am Strand Banje bei angesagten DJs *(www.ew-dubrovnik.com).*

■ AUSKUNFT ■

TOURIST INFO

Pile | Branitelja Dubrovnika 7 | Tel. 020/42 75 91 | Fax 32 37 25 | www.tzdubrovnik.hr

■ ZIELE IN DER UMGEBUNG ■

LOKRUM (INSEL)　　　　　　[129 D5]

Vom Hafen am Osteingang (Pločetor) der Altstadt von Dubrovnik pendeln Ausflugsboote zur kleinen, grünen Insel (80 ha) mit Badebuchten. Im Jahr 1859 kaufte der österreichische Erzherzog Maximilian die Insel, bebaute sie mit einem Schloss, erneuerte das Benediktinerkloster und legte den

> MOREŠKA

Schwerterkampf und Ritterspiel mit langer Tradition

Das Ritterspiel, das seinen Ursprung in Spanien hat, erfreute sich früher im gesamten Mittelmeerraum großer Beliebtheit. In Korčula hat sich die Moreška seit 400 Jahren ihren festen Platz im Brauchtum erhalten. Die Geschichte erzählt von Moro, dem Sohn des arabischen Kaisers Otmanović, der die Verlobte *(bula* = muslimische Frau) des weißen Königs Osman entführt. Der ritterliche Schwerterkampf soll darüber entscheiden, wem die Bula zur Frau

gegeben wird. In der letzten Szene werden die schwarzen Ritter geschlagen, und Moro übergibt sein Schwert und die Bula dem Sieger zum Zeichen seiner Unterwerfung. Ursprünglich symbolisierte die Moreška den Sieg der Spanier über die Mauren, der Christen über die Moslems, heute steht sie für den Sieg der Liebe und des Guten über das Böse. *Von Juni bis Mitte Oktober mindestens eine Aufführung pro Woche in der Altstadt von Korčula*

schönen Park mit subtropischen Pflanzen an. Im kleinen, seichten Salzsee *Mrtvo more* (Totes Meer) können Kinder und Nichtschwimmer gefahrlos planschen. *5 Min. Fahrt*

NERETVA-DELTA/PLOČE   [128 B–C4]

Zwischen *Neum* und *Ploče* öffnet sich die Küstengebirgskette und lässt Raum für die 280 km lange Neretva, deren Wasser sich an der Mündung in die Adria in ein weites Delta verzweigt. Teile dieses ehemaligen Sumpfgebiets wurden für den Anbau von Obst und Gemüse kultiviert. Der naturbelassene Raum ist Brutrevier für viele Wasservogelarten. Zugvögelschwärme rasten am reich gedeckten Tisch. In den fischreichen Wasserarmen haben Aale und Karpfen ihr Revier. Hauptort des Deltas ist das hübsch an der Neretva gelegene *Metković*. Im Delta bietet das Hotel-Restaurant *Villa Neretva (Tel. 020/ 67 22 00 | Fax 67 11 99 | www.hotel-villa-neretva.com | €€)* Unterkunft in acht freundlichen Gästezimmern. Spezialität des Restaurants sind Aalgerichte.

RIVIERA NÖRDLICH VON DUBROVNIK   [128–129 C–D4–5]

Zwischen Dubrovnik und Neum erstreckt sich vor dem Küstengebirge ein schmaler Landstrich mit unterschiedlichen Landschaftsformen: mit Macchia überwuchertes Gestein, Kiefernwaldungen, Weingärten, Olivenhaine und kleinere Orte.

Nördlich von Dubrovnik zieht sich die Adria-Magistrale um die *Rijeka Dubrovačka*, einen fjordartigen Bergeinschnitt, aus dem der Fluss Ombla ins Meer mündet. An der Küste reihen

Zum Greifen nah scheint das Inselchen Lokrum von Dubrovniks Stadtmauer aus

sich die Orte *Zaton, Orašac, Trsteno* und *Slano* aneinander. Hinter *Doli* zweigt eine Straße auf die Halbinsel *Pelješac* ab. In *Trsteno* lohnt ein Besuch des wunderschönen ★ *Botanischen Gartens (Mai–Okt. tgl. 9–19, Nov.–April 8–17 Uhr | 25 Kuna)* mit mediterranen und exotischen Bäumen, Büschen und Blumen. Anfang des 16. Jhs. wurde der 3 ha große Renaissancepark um die Schlossvilla der Dubrovniker Patrizierfamilie Gučetić-Gozze angelegt.

ELAPHITISCHE INSELN

[129 D5]   Vor der Küste zwischen Dubrovnik und der Halbinsel Pelješac liegen die sieben Elaphitischen Inseln (Hirschinseln). Die drei bewohnten, mit subtropischer Vegetation bedeckten Eilande *Šipan, Lopud* und *Koločep* (zusammen 1000 Ew.) sind ein beliebtes Ausflugsziel. Autoverkehr gibt es nicht, dafür aber viele schöne Badestrände. Wer über Nacht bleiben will, findet Quartier in Hotels und bei Privatvermietern. Die in der Antike von den Griechen besiedelten Elaphitischen Inseln gehörten zur Republik Ragusa. Im 15. und 16. Jh. bauten sich betuchte Handelsherren und der Klerus stattliche Sommersitze in die kleinen Naturparadiese.

KOLOČEP [129 D5]

Mit nur 2,4 km² ist Koločep das kleinste Eiland der Elaphiten. Seine beiden Ortschaften *Gornje Čelo* und *Donje Čelo* sind durch einen Fußweg miteinander verbunden. Bei einem Spaziergang von einem Ort zum anderen (ca. 20 Minuten) können Sie Gärten mit Orangen- und Zitronenbäumen, Johannisbrotbäume und Olivenhaine sowie die Ruinen einer mittelalterlichen Festung entdecken. Bruchstücke römischer Marmorskulpturen und Teile frühmittelalterlicher Flechtornamentik befinden sich an den Wänden der Pfarrkirche *Sv. Marija* (13. Jh.) in Donje Čelo.

LOPUD [129 D5]

Auf 4,6 km² bringt es die Insel Lopud. Da es hier Süßwasserquellen gibt, gedeiht in den Gärten alles üppig: Agaven, Palmen, Zypressen, Zitronen- und Orangenbäume. Einzige Ortschaft auf der Insel ist *Lopud*, das sich im weiten Bogen bis zur Ruine des ehemaligen Franziskanerklosters um eine Kieselstrandbucht erstreckt. Gemütliche Cafés und Tavernen sowie die ehemaligen Sommersitze der Handelsherren aus Ragusa liegen an dieser schönen Uferpromenade. An der Ostküste der Insel, etwa 20 Minuten Fußweg vom Ort Lopud, breitet sich eine idyllische Bucht mit feinstem, goldenem Sand aus. Die *Villa Vilina* ist ein kleines, elegantes Familienhotel *(14 Zi., 3 Apts. | Tel. 020/75 93 33 | Fax 75 90 60 | www.villa-vilina.hr | €€€).* Etwas einfacher und von einem jungen Paar engagiert geführt ist *La Villa (6 Zi. | Obala Iva Kuljevana 5 | Tel. 091/322 01 26 | www.lavilla.com.hr | €€).*

ŠIPAN [129 D5]

Mit 16,5 km² ist Šipan die größte Insel des Elaphitenarchipels. Hier wird auch Weinanbau betrieben. In der Hauptsiedlung *Šipanska Luka* zeugt der über dem Ort liegende Rektorenpalast (15. Jh.), damals Sitz des ragusanischen Statthalters, vom Glanz vergangener Zeiten. Sich ganz heutigen Genüssen hingeben können Gäste des viel gelobten Restaurants *Kod Marka (an der Mole | Tel. 020/ 75 80 07 | €€€).* Ein Fußmarsch (1 Stunde) auf der autofreien Insel führt von Šipanska Luka zum Fischerdorf *Sudjuradj.* Der Weg führt vorbei an den Überresten der ehemaligen Sommerresidenz der Bischöfe von Ragusa, erbaut im 16. Jh.

◼ SCHIFFSVERBINDUNG ◼

In der Hauptsaison befährt das Personenfährschiff viermal täglich die Strecke *Dubrovnik–Koločep–Lopud–Šipan.*

◼ AUSKUNFT ◼

TOURIST INFO

Pile | Branitelja Dubrovnika 7 | Tel. 020/42 75 91 | Fax 32 37 25 | www.tzdubrovnik.hr

KORČULA (INSEL)

[127 D–E5–6] Korčula (17000 Ew.), mit 276 km² eine der großen Inseln im Dalmatinischen Archipel, ist mit Fährschiffen über den auf der Westseite der lang gestreckten Insel gelegenen Hafen von Vela Luka oder über die malerische Stadt Korčula erreichbar. Die breit aus-

Anbau von Oliven, Obst und Gemüse genutzt. An sanften Hängen reifen in den sonnigen Rebgärten hervorragende heimische Weine: Grk, Pošip, Rukatac und der feurige rote Plavac.

Von 1427 bis 1797 herrschte Venedig hier ununterbrochen, auf Tuchfühlung zum Rivalen Ragusa, dessen Territorium auch die Halbinsel Pelješac, jenseits des an seiner engsten Stelle nur 1,3 km breiten *Pelješki*

Nur 150 Menschen leben auf dem malerischen elaphitischen Eiland Koločep

gebaute neue Straße durch das bergige Binnenland (45 km lang) verbindet die beiden Orte.

Den schwarzgrünen Wäldern aus Kiefern, Pinien und immergrünen Steineichen, die mehr als die Hälfte der Inselfläche bedecken, verdankt die Insel ihren antiken Namen Korkyra melaina (Schwarze Insel). Ihre fruchtbaren Täler werden für den

kanal, umfasste. Lange Zeit waren die Korčulaner Bauern und Fischer. Im Unterschied zu den meisten anderen Bewohnern der dalmatinischen Inselwelt waren sie aber auch tüchtige Handwerker, Schiffsbauer und Seeleute. Somit ist Korčula heutzutage weit weniger von der „Inselflucht" der jungen Generation betroffen. In den letzten Jahrzehnten hat sich der

Tourismus zur wichtigsten Erwerbsquelle entwickelt.

■ ORTE AUF KORČULA ■

BLATO [127 D5]

Am Rand des fruchtbaren Tals *Blatsko polje* liegt Blato (4000 Ew.), das Zentrum für landwirtschaftliche Produkte der Insel. Der Ort ist auch bekannt für seine Weinkellerei. Neben der Pfarrkirche *Svi Sveti* (14. Jh.) steht die alte Loggia. Auf dem Hauptplatz wird alljährlich am 28. April (Tag der Sv. Vizenza, Schutzpatronin von Blato) das Ritterspiel „Kumpanija" aufgeführt. Durch die Ortsmitte führt eine 1 km lange Lindenallee. *Auskunft: Tourist Info | Ulica 31 b 2/4 | Blato | Tel. 020/85 18 50 | Fax 85 12 41 | www.blato-croatia.com*

KORČULA (ORT) ★ [127 E5]

Die pittoreske mittelalterliche Altstadt, auf einer Landzunge gelegen und umgeben von einem Befestigungsring, sollten Sie sich unbedingt auch vom Wasser aus anschauen. Die Fähren von Rijeka und Dubrovnik sowie die Personenschiffe vom gegenüberliegenden Orebić legen direkt vor dem Stadttor an.

Einer Insellegende zufolge wurde der berühmte Asienreisende Marco Polo (1254–1324), der in genuesischer Gefangenschaft einem Mithäftling seine abenteuerlichen Berichte diktierte, in Korčula geboren. In einer kleinen Seitengasse unweit des Doms steht das *Marco-Polo-Haus*. Vergilbte Stiche zeigen Marco Polo auf seinen Fahrten; Dokumente, die die Geburt des Reisenden in Korčula belegen könnten, gibt es

allerdings nicht. ☀ Der Ausblick vom Turm des Hauses auf die grünen Inseln im blauen Meer lohnt aber allein schon den Weg *(tgl. 10–13, 17–19 Uhr | 10 Kuna)*.

Die Altstadt wurde planmäßig angelegt. Von der schnurgeraden Hauptstraße mit den wichtigsten Sehenswürdigkeiten zweigen enge Gassen ab, deren Häuserzeilen sich gegenseitig vor Sonne und Wind schützen. Haupteingang ist das *Landtor*, zu dem die monumentale neobarocke Steintreppe am Rand eines kleinen Marktplatzes hinaufführt. Durch das Tor kommen Sie auf den Platz *Braća Radić*. Zur linken Seite stehen das *Rathaus* (16. Jh.) mit von schönen Säulen getragenen Arkaden sowie die *Kapelle der Schneemadonna*, ein Andenken an die Abwehr der türkischen Flotte im Jahr 1571. Wenige Schritte bzw. Treppenstufen hinauf weitet sich die Straße zum Domplatz, an dem die beiden schönsten Patrizierpaläste der Stadt, *Arneri* und *Gabrielis*, der Kathedrale Sv. Marko und dem Bischofspalast mit der Schatzkammer gegenüberstehen.

Die große *Kathedrale*, im Stil von Gotik und Renaissance, wurde aus dem weißen Korčulaner Stein im 15. und 16. Jh. erbaut. Das Hauptportal schmücken zwei Löwenfiguren. Am Hauptaltar sehen Sie ein Gemälde des venezianischen Meisters Tintoretto. Das Bild zeigt die drei Schutzheiligen Korčulas und Dalmatiens: den hl. Markus, den hl. Hieronymus und den hl. Bartholomäus, der gleichzeitig Schutzpatron der Schiffsbauer ist. Wertvolle sakrale Objekte und Gemälde aus der Kathedrale sind gleich nebenan im *Bischofs-*

Vom Wasser aus besonders schön anzusehen: die Altstadt von Korčula

palast ausgestellt *(Juli/Aug. tgl. 10–12, 17–19 Uhr, sonst nach Voranmeldung | 15 Kuna).*

Das *Stadtmuseum* im Palast Gabrielis (16. Jh.) enthält ein Lapidarium mit griechischen Inschriften, Dokumente griechischer Kolonialisierung der illyrischen Urbevölkerung. Die oberen Geschosse widmen sich der Tradition von Schiffsbau, Seefahrt und Handwerk *(Sommer tgl. 10–21, Winter 10–14 Uhr | 15 Kuna).*

Seit fast 400 Jahren gehört die mittelalterliche „Moreška" zum Brauchtum von Korčula. Sie wird im Sommer regelmäßig in der Altstadtkulisse aufgeführt. Ein Bild, das beinahe zur mystischen Einkehr verleitet, sind die von einem Zypressenspalier gesäumten 101 Stufen zur Kapelle *Sv. Antun* (hl. Antonius). Hier können Sie in Ruhe den Ausblick auf die Umgebung der Stadt Korčula genießen. Von der Straße in Richtung Lumbarda zweigt der Weg zur Treppe im Stadtteil Sv. Antun ab.

Die Stadt Korčula (3200 Ew.) ist nicht nur Besichtigungs-, sondern auch Ferienziel. An die Altstadtmauer lehnt sich das nostalgische Hotel *Korčula* mit einer mit Weinlaub berankten Terrasse und guter Küche *(20 Zi. | Tel. 020/71 10 78 | Fax 711746 | www.hotelkorcula.com | €€).* Vom Restaurant bis zur Pizzeria – für das leibliche Wohl ist im Zentrum des Städtchens reichlich gesorgt. Schicke Lounge-Atmosphäre bei exzellenter Küche erwartet Sie im *Marco Polo Mystique (Trg. kralja Tomislava 2 | Tel. 020/71 54 32 | €€€).* Ein romantischer Ort für den Aperitif ist die Bar ▶▶ *Massimo* hoch oben im Wehrturm Zakerjan (Šetalište petra Kanavelića).

Etwas außerhalb liegen drei Konobas, in denen typische Gerichte der Insel angeboten werden. Auf Vorbestellung wird Ihnen im Gasthaus *Hajduk* unter der Peka gegartes Ziegenfleisch mit Gemüse aus eigenem Anbau serviert. *(8 Zi. | Sv. Anton | Tel. 020/71 12 67 | €).* Pogaca, frittierten Brotteig mit Belag nach Wahl, oder unter der Peka gegarten Oktopus erhalten Sie in der Konoba *Maslina (Lumbarajska cesta | Tel. 020/ 71 17 20 | €–€€)*. Alles bio verspricht der ▶▶ *Agriturismo Mate (Pupnat | 13 km östlich von Korcula-Stadt | Tel. 020/71 71 09 | €€)* und serviert zu köstlicher dalmatinischer Küche mit Fleisch und Gemüse aus eigener Aufzucht aromatische Kräuterdrinks. *Auskunft: Tourist Info | Obala V. Paletina | Korčula | Tel. 020/71 57 01 | Fax 71 58 66 | www.visitkorcula.com*

Insider Tipp

Yachten dümpeln. Ein paar Renaissancevillen verraten, dass dieser Platz schon lange ein begehrtes Sommerziel ist. Gehen Sie vom Zentrum die Maulbeerbaumallee bergauf, kommen Sie durch die Lumbarder Felder und Weingärten zu den Sandbuchten *Pržina* und *Bili Žal*. In und um Lumbarda gibt es viele private Quartiere in Ferienwohnungen und Pensionen.

Taucher finden bei ▶▶ *MM-Sub* kompetente Lehrer nach CMAS und PADI bzw. Guides für Unterwasser-

Oberhalb vom Ort Lastovo steht ein Aussichtsturm aus napoleonischer Zeit

LUMBARDA   [127 E5–6]

Natürliche Sandstrände – eine Trumpfkarte für den Tourismus: Lumbarda (1100 Ew.) hat sie, denn die gesamte Ostspitze der Insel ist von Sandboden bedeckt, der dem heimischen goldgelben Rebensaft Grk sein besonderes Bouquet verleiht. Das Zentrum von Lumbarda, 8 km von der Stadt Korčula entfernt, erstreckt sich um die seichte Bucht *Prvižal*, in der Fischerboote und

exkursionen; die Tauchschule vermietet auch Apartments *(3 Apts. | Tatinja 65 | Tel. 020/71 23 21 | www.mm-sub.hr | €)*. *Auskunft: Tourist Info | Lumbarda | Tel./Fax 020/ 71 20 05 | www.lumbarda.hr*

VELA LUKA   [127 D5]

Der größte Ort der Insel liegt auf der Westseite von Korčula, am innersten Punkt einer tief eingeschnittenen Bucht mit einigen schönen Kieselständen. Im Ortszentrum des geschäftigen Vela Luka (4450 Ew.) steht die neobarocke Pfarrkirche *Sv. Josip* (19. Jh.), davor ein schöner Trinkwasserbrunnen aus dem Jahr 1930. Entlang dem kleinen Hafenbecken finden Sie ein paar Cafés, Tavernen und Bistros, darunter das empfehlenswerte *MM-Sub (Obala 2 | Tel. 020/81 21 23 | €€)* und die entspannte Pizzeria und Bar *Casablanca* an der Riva *(€€)*. Die Fährschiffe zur Insel Lastovo und nach Split legen südlich vom Hafenbecken beim Industrieviertel an. *Auskunft: Tourist Info | Ulica 41 br. 11 | Vela Luka | Tel./Fax 020/81 36 19 | www. tzvelaluka.hr*

◼ SCHIFFSVERBINDUNGEN ◼

Stadt Korčula: täglich Küstenlinie Rijeka–Dubrovnik, täglich nach *Orebić/Pelješac,* täglich *Ubli/Lastovo–Vela Luka–Hvar–Split.*

◼ ZIEL IN DER UMGEBUNG ◼

LASTOVO ★ [128 A5]

Südlich von Korčula und ganz am Außenrand des Dalmatinischen Archipels gelegen ist Lastovo (53 km², 1250 Ew.) noch kaum entdeckt. Die grünen Wälder und fruchtbaren Felder erwecken den Eindruck von Wasserreichtum, obwohl auf der Insel keine einzige Süßwasserquelle sprudelt. Für Feuchtigkeit sorgen seltene Regenfälle und die starke Taubildung während der Nacht. Nur einige Wanderer und passionierte Taucher erkunden die herbe Schönheit dieser Insel der Ruhe, die nur wenige Badestränd', aber umso reizvollere Wanderwege und Unterwasserreviere ihr Eigen nennt.

Lastovo-Stadt ist eine hübsche, einen Hang hinaufgebaute Siedlung mit kunstvollen Schornsteinen, die ein wenig an Minarette erinnern. Die Renaissancekirche *Sv. Kuzma i Damjan* besitzt ein sehr schönes Taufbecken; sehenswert ist auch die Loggia gegenüber. Unterkunft finden Sie bislang nur in Privatquartieren und im Strandhotel ⟩ *Solitudo* in *Pasadur,* eine freundliche, jüngst renovierte Anlage, zu der auch eine professionell geführte Tauchschule gehört *(114 Zi. | Tel. 020/80 21 00 | Fax 80 21 14 | www.diving-paradise. net | €€).* Noch mehr Einsamkeit bieten die einfachen Apartments im Leuchtturm *Struga (www.lighthouses-croatia.com | €).* Die Konoba *Triton (Zaklopatica | Tel. 020/80 11 61 | €€)* serviert stets fangfrischen Fisch und ist beliebter Anlaufpunkt der Segler. Die *Tourist Info* in Lastovo-Stadt *(nur zur Hauptsaison | Tel. 020/80 10 18 | www.lastovo-tz.net)* hat Informationen zu den Wanderwegen über die zum Naturpark erklärte Insel. *Tgl. Autofähre und Katamaran ab Vela Luka, 1,5 Std. bzw. 45 Min.*

MLJET (INSEL)

[128 B–C5] ★ Wer Mljet (1250 Ew.) als Ferienziel wählt, der sollte wissen, was ihn auf der 100 km² großen bergigen Insel erwartet: kaum mehr als wilde und kultivierte Natur, in die sich kleine Dörfer ducken, an denen der rastlose Zeitgeist vorbeizieht. Keine Flaniermeilen, keine Geschäftszeilen, keine Szenekneipen und schon gar kein ausschweifendes Nachtleben.

Ein beliebtes Ziel ist die „Insel auf der Insel", jenes Eiland im größeren

der beiden Salzseen, auf dem Bene-
diktiner Anfang des 12. Jhs. ein Klos-
ter gebaut haben. Beide Seen gehören
heute zum Nationalpark *(Eintritt
100 Kuna, zu zahlen in Pomena oder
Polače).* Von der Bucht von *Pomena,*
wo vor dem einzigen, hübsch reno-
vierten Inselhotel  *Odisej (157 Zi. |
Tel. 020/36 21 11 | Fax 74 40 42 |
www.hotelodisej.hr | €)* meist Yachten

*Ganz entspannt im Hier und Jetzt
auf der Anreise nach Mljet*

ankern, führt ein Spazierweg durch
den Kiefernwald zum Anleger der
Boote, die Sie zur Klosterinsel *Sv.
Marija* bringen. Die Benediktinerabtei war mit Verteidigungsturm und
Schießscharten früher ein höchst
wehrhafter Bau.

Um die Seen, von bewaldeten Bergen romantisch eingerahmt, verläuft
ein Uferwanderweg und eine geteerte
Straße, die aber für Autos von Mai bis
Oktober gesperrt ist. Auf seiner Ost-

seite, an der Brücke *Veli most,* ist der
Veliko jezero durch den schmalen
Solinski kanal mit dem offenen Meer
verbunden. Dort, zwischen dem kleinen See *Mali jezero* und dem größeren See *Veliko jezero*, werden Kanus,
Kajaks und Fahrräder vermietet.

Zum Nationalpark gehört auch der
Hafen *Polače* mit den Überresten
eines antiken Römerpalasts und den
Ruinen einer frühchristlichen Basilika
aus dem 5. Jh. Von hier aus schlängelt
sich die Inselhauptstraße durch das
Karstgebirge, um schroffe Felsen-
wände herum, vorbei an fruchtbaren
Talsenken, in denen Gemüse und
Wein angebaut werden.

Vom lang gezogenen Straßendorf
Babino Polje aus, der größten Sied-
lung der Insel, können Sie zu Fuß die
Odisejeva špilja erreichen. Um 12 Uhr
mittags fällt das Sonnenlicht am
schönsten in diese Meeresgrotte.
Vielleicht ist sie wirklich der Ort, an
dem sich die Nymphe Kalypso in den
Helden Odysseus verliebte, wie der
griechische Dichter Homer schrieb.
Einen Besuch wert sind auch die
idyllisch gelegene Bucht von *Sobra*
mit dem Fährhafen und im Inselosten
die Sandstrandbucht *Saplunara.*

■ SCHIFFSVERBINDUNGEN ■

Die Küstenlinie *Rijeka–Dubrovnik*
legt immer mittwochs in *Sobra/Mljet*
an. Die Autofähre *Dubrovnik–Sobra/
Mljet* verkehrt in der Saison zweimal
täglich.

■ AUSKUNFT ■

NACIONALNI PARK MLJET
*Goveđari | Pristanište 2 | Mljet | Tel.
020/74 40 41 | Fax 74 40 43 | www.
mljet.hr*

PELJEŠAC (HALBINSEL)

[128 A–C4–5] Seefahrt und Wein haben Pelješac (8000 Ew.) berühmt gemacht – als „Insel der Kapitäne" und Heimat der besten kroatischen Rotweine. Genau genommen ist Pelješac eine Halbinsel, die sich über 65 km zwischen dem Festland und den Inseln Korčula und Mljet erstreckt. Bei *Ston*, an der engsten Stelle der Landbrücke nach Pelješac, erinnert eine mächtige Festungsmauer an die Zeit von 1333 bis 1808, als die Halbinsel zur Republik Ragusa gehörte und bei ihrer Verteidigung eine wichtige Rolle als Vorposten spielte. Die Badeorte liegen an der Südküste, vor dem vorwiegend mit Macchia bedeckten Inselgebirgszug, in dessen Tälern subtropische Früchte gedeihen.

Wer von Norden anrollt, erspart sich einige Kilometer auf der Magistrale durch das Übersetzen mit der Autofähre von Ploče nach Trpanj im nordwestlichen Teil von Pelješac.

■ ORTE AUF PELJEŠAC ■

DONJA BANDA, PRIZDRINA, POTOMJE (WEINDÖRFER)   [128 B4]

Dingač, Postup und Plavac sind die Rotweine, die auf der Halbinsel Pelješac produziert werden, gekeltert aus den Trauben der Rebsorte Plavac mali. Zwischen Orebić und Ston liegen ihre Anbaugebiete. Hinter Orebić wächst der *postup*, der den Namen des 6 km entfernten Küstendorfs trägt. Die Großkellerei Postup befindet sich im Dorf *Donja Banda*, zu dem sich die Inselhauptstraße hinaufschlängelt. 2 km weiter zweigt ein Weg ins kleine alte Dorf *Prizdrina* ab. Beim privaten Winzer Bartulović *(Tel. 020/74 23 46 | www.vinarijabartulovic.hr)* sollten Sie außer dem Plavac Bartul auch den in Dalmatien selten gekelterten Roséwein probieren.

Insider Tipp

Im Hafen von Orebić auf der Halbinsel Peljeac liegen Fischerboote neben Motoryachten

Insider Tipp

Nach drei weiteren Kilometern erreichen Sie **Potomje**, Zentrum des Spitzenweins *dingač*. Ein niedriger Tunnel führt vom Dorf zu den steilen Südhängen oberhalb des Meers. Den ganzen Tag über reifen die Trauben im Sonnenlicht, das vom Wasser und dem weißen, Wärme speichernden Felsgestein reflektiert wird. Nur der Wein, der aus den Reben gewonnen wird, die auf den gesetzlich festgelegten 47,6 ha wachsen, darf Dingač genannt werden. Bei den privaten Winzern des Orts, z. B. bei Ivo Skaramuča oder Pavo Miličić, zahlen Sie für die 0,7-l-Flasche Dingač um die 10 Euro. Familie Skaramuča ist schon lange im Weingeschäft. Die hier gekelterten Tropfen kann man nach Voranmeldung bei der Touristinformation in Orebič verkosten.

MOKALO [128 B4]

An einem von subtropischem Grün beschatteten Hang über der Felsenküste bei Mokalo liegt der *Campingplatz Adriatic* wie ein kleiner Paradiesgarten. Treppen und hölzerne Hängebrücken führen hinunter in eine kleine, romantische Badebucht mit Strandbar und zur Tauchschule. Die organisiert auch Ausflüge zum 120 m langen Wrack in der Nähe. Nur zehn Wohnwagen finden im oberen Bereich Platz (Voranmeldung ist ratsam). Auf den Terrassen wird gezeltet, und im Haupthaus mit dem Restaurant gibt es 12 Apartments *(Mokalo bei Orebič | Tel./Fax 020/71 34 20 | www.adriatic-mikulic.com)*.

Insider Tipp

OREBIĆ [128 B4]

Am Ufer des *Pelješki kanal* erstreckt sich Orebič (1500 Ew.) über mehrere Kilometer entlang der Inselhauptstraße. Westlich vom Zentrum befindet sich der Anleger für die Fährschiffe nach Korčula. In dieser Richtung weiter liegt der Ferienkomplex mit dem *Hotel Bellevue (54 Zi. | Tel. 020/797 50 00 | Fax 71 31 34 | www.orebic-htp.hr | €€)* sowie mit Apartmenthäusern direkt am Kieselstrand, umgeben von einer gepflegten Gartenanlage. Dazu gehören eine Surfschule sowie ein Fahrrad- und Bootsverleih. Vor der Ostseite von Orebić liegen die Strände der Bucht *Trstenica*.

Orebić entstand erst im 17. Jh., denn wegen häufig drohender Angriffe von See aus lebte man früher in weit von der Küste entfernten Dörfern. Schon bald entwickelte sich der Ort zum Seefahrtszentrum. Im 19. Jh. befuhren 33 Großsegler der heimischen Reederei die Weltmeere. Obwohl die Reederei der modernen Schifffahrt zum Opfer fiel, ist der Beruf Seemann bis heute der meistgeschätzte Beruf der Männer dieser Gegend geblieben. Viele ehemalige Schiffskommandanten verbringen hier ihren Lebensabend in Häusern am Meer. Das *Seefahrtmuseum* dokumentiert die Blütezeit von Orebić. Im Erdgeschoss ist seit 1865 der Lesesaal der Pelješaner Kapitäne eingerichtet *(Trg Mimbeli | Sommer tgl. Mo–Fr 8–12, 13.30–16.30, 17–21, Sa/So 16–21 Uhr | 10 Kuna)*.

Auf den Felsen über Orebić thront das *Franziskanerkloster* aus dem 15. Jh., das unter seinen Kunstschätzen wertvolle Geschenke der Seefahrer birgt *(Mo–Sa 9–12 und 17–19, So 17–19 Uhr | 15 Kuna)*. Auf dem Friedhof nebenan sind viele

Kapitäne begraben. Von hier oben hat man einen wunderschönen Panoramablick auf Korčula und die ihr vorgelagerten Inseln. Ein typisch dalmatinisches Gericht wie Lamm aus der Peka bekommen Sie nach Voranmeldung in der *Taverna Mlinica (Obala pomoraca | Tel. 020/71 38 86 | €€). Auskunft: Tourist Info | Trg Mimbeli | Orebić | Tel./Fax 020/ 71 37 18 |* www.tz-orebic.com

STON [128 C5]

Auf der Meerseite der Landbrücke zur Halbinsel Pelješac liegt vor den Salinenfeldern Veliki Ston, gegenüber dem Festland das kleinere Mali Ston, bekannt für seine Austern- und Miesmuschelzuchten. Die beiden Ortsteile von Ston (800 Ew.) wurden im 14. Jh. von der Republik Dubrovnik plan-

mäßig errichtet und zwecks Verteidigung ihrer Westgrenze mit einer insgesamt fast 6 km langen Wehrmauer verbunden. Bei dem Erdbeben im September 1996 brachen die Mauern der romanischen Kirchen und gotischen Paläste im mittelalterlichen Veliki Ston. Fast alle Gebäude wurden schwer beschädigt, einige völlig zerstört. Mali Ston hingegen blieb unversehrt. Nach wie vor bekommt man im Restaurant *Vila Koruna*, unmittelbar vor der Stadtmauer direkt am Wasser gelegen, Miesmuschelgerichte und frische Austern *(Tel. 020/ 75 43 59 | €€)*. Hinter dem Wehrturm befinden sich zwei weitere Restaurants. Spezialität der *Taverna Bota* und des *Kapetanova kuća* sind ebenfalls die vorzüglich zubereiteten Meeresfrüchte.

Mali Ston: Hier werden Miesmuscheln und Austern gezüchtet

> DALMATIEN WIE AUS DEM BILDERBUCH

Zahlreich sind die Kulturschätze und Naturschönheiten zwischen Bergen und Meer

Die Touren sind auf dem hinteren Umschlag und im Reiseatlas grün markiert

1 WO SICH KULTUR UND NATUR TREFFEN

Diese Rundtour durch Mittel- und Süddalmatien führt auf die zwei malerischen Inseln Korčula und Hvar, zu großartigen Kulturdenkmälern in Split und Dubrovnik, zu üppigen Weingärten, silbrigen Olivenhainen, weißen Kieselstränden, grünen Kiefernwäldern und schroffen Karstfelshängen. Von Split geht's mit dem Fährschiff nach Stari Grad/Insel Hvar, von dort setzen Sie über nach Korčula/Insel Korčula, dann weiter nach Orebić/Halbinsel Pelješac und von dort nach Dubrovnik. Anschließend führt die Tour über die Makarska-Riviera zurück nach Split. Länge ca. 350 km, Dauer 4–5 Tage.

Außerhalb der Hauptsaison (Juli bis Ende August) ist es kein Problem, eine Unterkunft zu bekommen. Innerhalb dieser Zeit sind die Hotels oftmals ausgebucht, man findet aber immer noch ein Bett bei Privatver-

Bild: Kornati-Archipel

AUSFLÜGE & TOUREN

mietern. Die Fährschiffe fahren zwar fahrplanmäßig und sehr pünktlich, aber nicht gerade häufig. Erkundigen Sie sich vorher nach den Abfahrtszeiten (auch unter *www.jadrolinija.hr*).

Das Bild der Hafenstadt **Split** (S. 67) prägt der antike *Diokletianpalast* mit seinen engen Gassen und Plätzen, Kirchen und Palästen im Inneren der mächtigen Anlage. Den schönsten Blick auf Split haben Sie, wenn die Autofähre aus dem Hafen

gleitet. Sobald sie die Meerenge zwischen den Inseln *Brač* und *Šolta* passiert hat, rückt die Insel **Hvar** (S. 58) ins Blickfeld. Genießen Sie das mediterrane Landschaftsbild und die herrlichen Ausblicke auf den Archipel auf der Fahrt vom Fährhafen Stari Grad ins Inselhauptstädtchen Hvar. Ein Kleinod, geprägt vom kunstvollen Erbe aus venezianischer Zeit, dem die grünen *Pakleni otoci* vorgelagert sind. Von Stari Grad

bringt Sie das Fährschiff der Küstenlinie Rijeka–Dubrovnik nach **Korčula**
(S. 88), Hauptort der gleichnamigen
Insel. Innerhalb der auf eine Landzunge gebauten, von einer dicken
Festungsmauer umgebenen Altstadt
steht das Marco-Polo-Geburtshaus in
der Nähe der großen Kathedrale.
Mindestens alle zwei Stunden pendelt
die Fähre tagsüber hinüber nach **Orebić**
(S. 94) auf der Südseite der rund
70 km langen Halbinsel Pelješac, die
für ihre schweren Weine berühmt ist.

Steile, kahle Karstberge, von
Macchia überwucherte Geröllfelder,
aber auch fruchtbare Täler, Olivenhaine und Weingärten liegen am Weg
über die lang gestreckte Halbinsel,
nach Istrien die größte Kroatiens. Im
Örtchen **Potomje** *(S. 93)* befinden sich
die Kellereien, die Dalmatiens besten
Rotwein, den Dingač, keltern. Hinter
Ston *(S. 95)*, das beim letzten Erdbeben 1996 arg gelitten hat, werden
in der ruhigen Bucht vor dem Festland Muscheln, vor allem Austern,
gezüchtet. Hier mündet die Inselstraße in die Küstenstraße, die Adria-Magistrale.

In südlicher Richtung erreichen Sie
bald Dubrovnik, die kulturell bedeutendste Stadt Dalmatiens. Gen Norden führt die Magistrale durch das
Neretva-Delta *(S. 85)*, in dem Mandari-
nen und Orangen angebaut werden,
und entlang der **Makarska-Riviera**
(S. 63) mit ihren weißen Kieselstränden. Die schönsten Badebuchten finden Sie in **Brela** *(S. 64)*. Etwa auf
halbem Weg zwischen Brela und Split
können Sie noch die Stadt **Omiš** *(S. 66)*
besuchen, die vor einer imposanten
Felsenschlucht liegt, durch die der
Fluss Cetina ins Meer mündet.

Insider Tipp

2 VON DER ADRIA ZU DEN SEEN IM HINTERLAND

**Kornati, Paklenica, Plitwitzer Seen,
Krka – spröder Karst bestimmt das
Bild der Nationalparks in Norddalmatien. Der Kontrast der karstigen Landschaft zum lieblichen Adria-Ufer mit seiner
üppigen Vegetation ist gewaltig. Organi-
sierte Tagesausflüge führen von den Fest-
lands- und Inselferienorten zwischen Zadar
und Šibenik mit dem Boot in den Nationalpark Kornati. Ab Zadar bietet sich dann
eine Rundtour durch die anderen drei
Nationalparks an: Nach der wilden Schlucht
der Paklenica locken landeinwärts das
magische Wasserreich der Plitwitzer Seen
und zurück an der Küste schließlich die
übermütigen Kaskaden des Flusses Krka.
Länge: insgesamt rund 350 km. Dauer: Sie
sollten sich mindestens vier Tage Zeit
nehmen, um alle vier Nationalparks zu
besuchen. An den Zufahrtsstraßen ist Eintritt zu entrichten.**

In etwa 30 km Abstand vom Festland liegen die 148 eigenartig runden,
graugrünen und fast völlig kahlen
Eilande und Riffe draußen im Meer.
Der ★ **Kornati-Archipel** (**Nationalpark
Kornati**) bildet einen natürlichen
Schutzwall gegen die von der offenen
See aus Westen anrollenden Wellen.
Die Inseln, Kinder des Karstes, sind
die Gipfel eines unter dem Meeresspiegel versunkenen Gebirges. Nur
im Sommer sind einige bewohnt –
auch von Urlaubern, die in alten
Fischerhäusern ungestört wie Robin-
son Crusoe leben.

Für Nautiker ist der Kornati-Archipel ein äußerst vielfältiges und beliebtes Urlaubsziel. Marinas gibt es beispielsweise auf den Inseln Piškera
und Žut (Infos: *www.aci-club.hr*). In

Ziemlich belebt ist der Badestrand in dieser Bucht bei Brela an der Makarska-Riviera

den Sommermonaten finden Skipper wie Feriengäste auf den Inseln zahlreiche Restaurants und Tavernen. So die *Konoba Žakan* in einer Bucht im Süden der Insel *Ravni Žakan (mobil 091/377 60 15 | €€€)* oder die *Konoba Matteo* auf der Insel *Kornat (mobil 098/33 63 35 | €€).* Ein organisierter Tagesausflug einschließlich Picknick kostet 300 Kuna. *Auskunft: Nationalpark Kornati | Murter | Tel. 022/ 43 57 40 | Fax 43 50 58 | www.kor nati.hr*

Dort, wo das Wasser nicht augenblicklich im porösen Kalkstein versickert, wo unbändige Flüsse den Boden ständig tränken, wuchert frisches Grün. Dieses typische Karstphänomen charakterisiert alle drei Nationalparks auf dem Festland: Paklenica, Krka und Plitwitzer Seen.

Zurück in **Zadar** *(S. 44)* führt die Tour über die Adria-Magistrale nach Norden Richtung Rijeka und über die Maslenica-Brücke zum **Nationalpark Paklenica**. Am südlichen Rand der größten kroatischen Gebirgskette Velebit brausen die Wildbäche Velika Paklenica und Mala Paklenica durch zwei großartige, bizarre Felsenschluchten. Zwischen dem Velebit-Gipfel *Vaganski vrh* (1758 m) und der Küstenstraße wurde das Gebiet zum Nationalpark erklärt *(Eintritt nach Saison 30 Kuna).* Die älteren Bewohner von Stari Grad-Paklenica erinnern sich noch gut an die 1960er-Jahre, in denen „Old Surehand" hier vor laufenden Filmkameras an den schroffen Felswänden entlangritt und sie als Indianer oder Cowboys dabei sein durften.

Die heutigen Helden sind die Felsenkletterer, deren waghalsige Manöver man an der 400 m hohen Felswand *Anić kuk* beobachten kann. Ein teils leicht, teils steil ansteigender Wanderweg führt in zwei Stunden durch die Schlucht *Velika Paklenica* bis zur Paklenica-Hütte. Das Picknick muss man selbst mitbringen, trinken kann man aus dem Bach *(Auskunft:*

Ein Wunder der Natur: die Plitwitzer Seen

Nationalpark Paklenica | Dr. F. Tudjmana 14 | Starigrad-Paklenica | Tel. 023/36 91 55 | Fax 35 91 33 | www. paklenica.hr). Es werden auch verschiedene Trekking- und Reittouren sowie ornithologische Wanderungen veranstaltet.

Zum nächsten Ziel dieser Autotour, dem ⭐ **Nationalpark Plitwitzer Seen**, geht es vor der Maslenica-Brücke links auf die E 71 in Richtung Karlovac und Zagreb, über Gračac, Udbina und Korenica. Die Bundesstraße durchquert die trockene und steinige Krajina.

Das 200 km² große Gebiet, seit 1928 Nationalpark *(Eintritt 80 Kuna, April–Okt. 110 Kuna),* bildet einen Talkessel, der von 500–630 m hohen, bewaldeten Bergen umgeben ist. Stufenweise reihen sich seine 16 größeren und kleineren Seen mit kristallklarem, blaugrünem Wasser aneinander. Verbunden sind sie durch rauschende Wasserfälle und schäumende Kaskaden, zu denen Holzplankenwege führen. Seit 1979 ist dieses zauberhafte Stück Natur als Unesco-Welterbe eingetragen. Gute Übernachtungsmöglichkeiten bietet das *Hotel Jezero (229 Zi. | Tel. 053/75 10 15 | €€). Auskunft: Nationalpark Plitvička jezera | Plitvička jezera | Tel. 053/ 75 10 15 | Fax 75 10 01 | www. np-plitvicka-jezera.hr*

Auch der 111 km² große ⭐ **Nationalpark Krka** (Eintritt je nach Saison 30–130 Kuna) ist ein beliebtes Ausflugsziel für Reisende in Dalmatien. Von den Plitwitzer Seen aus erreichen Sie ihn, indem Sie die E 71 zurück nach Süden nehmen und an Gračac und Knin vorbei in Richtung Šibenik fahren. Die wasserreiche Krka ist ein typischer Karstfluss. Von ihrer Quelle bei Knin bis zur Mündung in die Adria bildet sie zahlreiche Stromschnellen und Wasserfälle sowie mehrere aufgestaute, von Binsen und Schilf gesäumte Seen.

Ab dem *Kninsko polje* bis zur *Skradin-Brücke* umschließt der Nationalpark, in dem 221 Vogelarten heimisch sind, den Lauf der Krka. Herzstück des Flusses ist der 46 m hohe *Skradinski buk*, eine einzigartige Kette aufeinanderfolgender Wasserfälle, die höchste Kalktuffbarriere in Europa. Von hier fährt stündlich ein Schiff zur Flussinsel *Visovac*, deren Franziskanerkloster eine Sammlung wertvoller Bücher und Urkunden beherbergt. Mit dem eigenen Boot kann man die Krka bis *Skradin* hinauffahren. Übernachten können Sie hier im familiären *Hotel Skradinski buk (28 Zi. | Tel. 022/77 17 71 | Fax 77 17 70 | www.skradinskibuk.hr | €)*. *Auskunft: Nationalpark Krka | Trg Ivana Pavla II br. 5 | Šibenik | Tel. 022/21 77 20 | Fax 33 68 36 | www.npkrka.hr*

3 NATUR UND STILLE: WANDERUNG IM NATIONALPARK MLJET

Das bezaubernde Naturschauspiel im Nordwesten der Insel Mljet *(S. 91)* eröffnet sich Wanderern erlebnisreich auf den markierten Wegen und Pfaden durch den Nationalpark *(Eintritt 100 Kuna)*. Eine attraktive Rundtour führt von Polače auf den Montokuc (253 m, höchster Gipfel im Nationalpark) und hinunter zum Veliko jezero, dem großen Inselsee. Die Tour dauert für Wanderer mit normaler Kondition ca. 3 Stunden. Ratsam ist festes Schuhwerk, weil die Wege meist steinig

und oft feucht sind. Proviant und Badezeug nicht vergessen: Viele Plätze laden unterwegs zum Picknick und zu einem Bad im See ein.

Der 54 km² große Nationalpark Mljet *(www.np-mljet.hr)* umfasst die durch schmale Kanäle sowohl miteinander als auch mit dem Meer verbundenen Seen Mali jezero und Veliko jezero, um die sich üppige Wälder von Aleppokiefern, Steineichen und dichte Macchia ausbreiten. In Ruhe können Sie die waldreiche Landschaft, Seen, Berge und Meer auf den Wanderwegen genießen.

Zum herrlichen ⚜ Aussichtspunkt auf dem Gipfel des Montokuc folgen Sie in Polače *(S. 92)* dem Wanderwegweiser. Von dem bereits in der Römerzeit angelegten Pfad zweigt nach etwa 1 km der Weg durch den Kiefernwald von Barbarioc zum Montokuc ab (ca. 45 Min.). Genießen Sie den Blick über den grünen Nationalpark und das offene Meer mit den Inseln Korčula, Lastovo sowie der Halbinsel Pelješac im Hintergrund. Auf dem Gipfel des Montokuc steht eine kleine Hütte, die den Sommer über von einem Feuerwächter besetzt ist. Hier zeigt ein Wegweiser den Abstieg zum Veliko jezero *(S. 92)* an (ca. 45 Min.). An seinem Ufer entlang in Richtung Westen erreichen Sie nach 1 km *Pristaniste*. Hier finden Sie einen kleinen Lebensmittelladen, den Anleger zur Klosterinsel *Sv. Marija* und den Sitz der Nationalparkverwaltung.

Wandern Sie nun auf dem Fahrweg in Richtung Polače 500 m bis zum großen Parkplatz. Rechts davon treffen Sie wieder auf den alten Römerpfad hinunter nach Polače.

EIN TAG IN SPLIT UND AUF HVAR

Action pur und einmalige Erlebnisse.
Gehen Sie auf Tour mit unserem Szene-Scout

KAISERLICHES FRÜHSTÜCK

8:00

Der Tag beginnt hinter den Mauern des Diokle-
tianpalastes, die jetzt u. a. das Designhotel
Vestibul Palace beherbergen. Nach einer Nacht in der Style-
Location ist der beste Platz zum Wachwerden die Innenhof-
Terrasse! Beim Frühstück wird es interessant: Die Baustile des
Palastes zeigen Elemente aus den drei Epochen Romanik, Gotik
und Renaissance – direkt neben- und übereinander. **WO?** *Iza
Vestibula 4, Split | Tel. 021/32 93 29 | www.vestibulpalace.com*

9:00

RELAXEN

Lust, entspannt in den Tag zu starten?
Dann ab ins *Baibai*-Wellnesscenter.
Bei einer Vier-Hand-Synchronmassage einfach abschalten und den Augenblick genießen. Hier kann
man Power für den Tag sammeln. **WO?** *Mažuranićevo
šetalište bb, Split | Anmeldung unter Tel. 021/50 35 00
| Kosten: 20 Kuna/40 Min. | www.babai.hr*

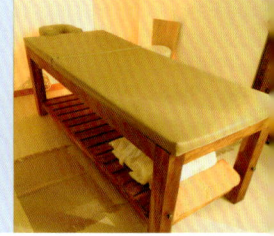

LUXUS IM LUXOR

10:30

Wo sich früher die römischen Herrscher dem Volk
zeigten, kann man heute ganz lässig seinen Kaffee
genießen: Das *Café Luxor* liegt mitten im Peristyl des Diokletianpalastes
und ist der Place to be. Am besten Espresso und Co. auf den Stufen des
antiken Innenhofs trinken und das Treiben auf dem Platz beobachten.
WO? *Kraj Slvana 11, Split | Tel. 021/34 10 82*

11:30

PARADISE-ISLANDS

Salzluft schnuppern und die Haa-
re im Fahrtwind wehen lassen:
Mit dem Katamaran geht es von Split aus auf die
Insel Hvar. Wenn der Wind die Segel aufbläht,
gewinnt das Boot schnell an Fahrt. Tolles Feeling!
WO? *Ticketverkauf in der Gat Sv. Duje bb oder am
Hafen von Split | Tel. 021/33 83 33 | Kosten: 22
Kuna | www.jadrolinija.hr*

24h

ÖKO-LUNCH

13:30

Ab zur *Konoba Humac*. Auf dem urigen Anwesen darf man bei der Zubereitung der Mahlzeiten selbst Hand anlegen. Biogemüse ernten und Kräuter sammeln – dann gibt's *Viska pogaca*, gefüllte Teigtaschen, die im Steinofen gebacken werden. **WO?** *Humac, Hvar | Anmeldung unter Tel. 021/76 81 08 | So geschl. | www.humac.leminet.com*

15:30

WEIN UND WELLEN

Nach einem kurzem Spaziergang landet man in der *Zlatan Otok*. Das Weingut lädt zum Probieren der ausgezeichneten Tropfen ein. Der bekannteste davon: *zlatan plavac*. Unbedingt einen Blick in den Weinkeller werfen: Der liegt 70 m tief unter der Erde. **WO?** *Sv. Nedjelja, Jelsa, Hvar | Tel. 021/74 57 25 | www.zlatanotok.hr*

AB IN DIE FLUTEN

17:30

Jetzt kommen die eingepackten Badesachen zum Einsatz, und zwar an einem der schönsten Strände Kroatiens, in Milna. Handtuch ausbreiten, eincremen und den Sonnenstrahlen beim Tanz auf dem Wasser zusehen. Erfrischung? Ab ins türkisblaue Wasser. Der Strand ist ein Geheimtipp! **WO?** *Milna, hinter dem Campingplatz am Ende der Straße, Hvar*

19:30

SZENE-DINNER

Vom Horizont losreißen und in die City spazieren: Es ist Zeit fürs Dinner, und das genießt man am besten am Hotspot der Reichen und Schönen. Das *Café Pjaca* liegt direkt am Hafen von Hvar-Stadt, und wer etwas auf sich hält, lässt sich hier einmal am Tag blicken! **WO?** *Trg Sv. Stjepan, Hvar | Tel. 021/71 77 41*

23:00

DANCE THE NIGHT AWAY

Das *Carpe Diem* ist der Nightlifetempel der Insel. In dem In-Club chillt man in Lounges und tanzt zu den Beats internationaler Top-DJs. Wer frische Luft braucht, holt sich einen Drink an der Bar und setzt sich zum Quatschen auf die Terrasse. **WO?** *Am Hafen von Hvar | www.carpe-diem-hvar.com*

> WASSERSPORT UND WANDERFREUDEN

Gebirge und Meer – die dalmatinische Küste bietet nahezu rund ums Jahr ideale Bedingungen für viele Sportarten

> Schon längst dreht sich in der Küstenlandschaft Dalmatiens nicht mehr alles nur ums Segeln, Surfen und Tauchen. Markierte Wander-, Kletter- und Mountainbikerouten eröffnen gerade in der Nebensaison viele neue Möglichkeiten für einen aktiven Urlaub.

■ ABENTEUER ■■■■■■■■■

Eine Woche lang täglich ein neues Abenteuer erleben kann man in der Zagora, dem Hinterland von Split bei

Bild: Nationalpark Plitwitzer Seen

den „Top Five" Dalmatiens: Kanusafari, Reiten, Rafting, Mountainbiking und Canyoning, veranstaltet vom *Avanturist Club (Trilj | Tel. 021/83 17 90 | www.svmihovil.com)*, bei dem Sie alle Programmpunkte auch einzeln buchen können. Ausgangspunkt ist das *Hotel Mihovil* in *Trilj (28 Zi. | Tel. 021/83 17 70 | €€)*. Ähnliche Angebote hat *I. D. Riva Tours* im Programm *(München | Tel. 089/231 10 00 | www.idriva.de)*.

SPORT & AKTIVITÄTEN

▪ ANGELN ▪▪▪▪▪▪▪▪

Für den privaten Fischfang, ob im Binnensee oder im Meer, benötigen Sie einen Angelschein. Der wird Ihnen auch tageweise vor Ort in Läden für Angelzubehör ausgestellt.

▪ KLETTERN ▪▪▪▪▪▪▪

Nervenkitzel am steilen Fels: In unmittelbarer Nähe zur Küste sind der Nationalpark Paklenica und die Cetina-Schlucht die Zentren für Freeclimbing. Die 1600 m tiefen Karstschluchten Velika und Mala Paklenica bieten mit 72 steilen Stellen optimale Voraussetzungen. Besonders der 400 m hohe Felsen Anica kuk hat es Kletterern angetan *(Auskunft: Nationalparkverwaltung Paklenica | Tel. 023/36 91 55 | www. paklenica.hr)*. An den Steilhängen der Cetina-Schlucht, oberhalb von Omiš, sind etwa 50 Kletterrouten fürs Freeclimbing eingerichtet. *Auskunft:*

Eine gute Sicherung ist alles:
Kletterer im Paklenica-Nationalpark

RAFTING & KANUFAHREN

Glasklare Gebirgsflüsse, die zum Wildwassersport verlocken, sprudeln durch die Felsenschluchten in der kargen Karstlandschaft hinter der Küste. In Norddalmatien sind es die Wasserläufe der Krupa und der Zrmanja, in Mitteldalmatien bietet sich die Cetina an.

RAFTING AUF DER CETINA [127 D3]

Zwischen Šestanovac und Zadvarje, im Hinterland von Omiš, beginnt die abenteuerliche Fahrt durch die Stromschnellen der Cetina. Ziel ist meist der beliebte Ausflugsort *Radmanove Milice. Auskunft: Tourist Info Omiš | Tel. 021/86 13 50* oder beim *Raftingverband* in *Omiš | Tel. 21/86 31 61 | www.raft.hr*

SAFARI MIT DEM KANU
AUF DER ZRMANJA [125 E4]

Im Kanu durch den tief eingeschnittenen Canyon der Zrmanja gleiten und ein erfrischendes Bad unter dem rauschenden Wasserfall Jankobića buk wecken Erinnerungen an Winnetou und Old Shatterhand. Die standen damals in dieser wilden Kulisse vor den Filmkameras. Zu buchen zum Beispiel bei *Val Tours | Tel. 023/ 38 64 79 | www.val-tours.hr*

Tourist Info Omiš | Tel. 021/86 13 50 | www.tz-omis.hr

RADFAHREN & MOUNTAINBIKING

Broschüren mit Tourenvorschlägen erhalten Sie von den regionalen Tourismusverbänden, einen Fahrrad- oder Mountainbikeverleih finden Sie in allen größeren Orten.

Veranstalter organisieren auch Inselhüpfen mit dem Fahrrad: Auf Mountainbikes können Sie Insellandschaften und die alten Dörfer durchstreifen. Am Ende jeder Route wartet dann die schwimmende Herberge, ein nostalgischer Motorsegler, der Sie und Ihr Rad von Insel zu Insel trägt. *Auskunft: Kroatische Zentrale für Tourismus | Tel. 069/238 53 50 | www.croatia.hr*

SURFEN & SEGELN

Windsurfing ist fast überall möglich. Surfausrüstungen und Surfkurse werden in den meisten Ferienorten angeboten. Wegen der kräftigen Mistralwinde am Nachmittag gelten der Pelješki kanal zwischen Korčula und Pelješac sowie das Zlatni rat bei Bol auf Brač als bevorzugte Reviere für Könner. Verleih und Surfkurse bei

SPORT & AKTIVITÄTEN

Big Blue Sport | Bol | Tel. 021/ 63 56 14 | *www.big-blue-sport.hr*.

Die 50 Marinas entlang der kroatischen Küste und auf den Inseln verfügen über eine Kapazität von über 13 000 Liegeplätzen für Sportboote. Hochburg der Sportschifffahrt ist Norddalmatien mit dem Kornati-Archipel. Auskunft bei der *Kroatischen Zentrale für Tourismus | Tel. 069/238 53 50 | www.croatia.hr* oder beim *ACI (Adriatic Croatia International Club) | M. Tita 15 | Opatija | Tel. 051/27 12 88 | www.aci-club.hr*. Aktuelle Informationen und Tipps tauschen Eingeweihte auf *www.skippertipps.de* aus.

INTENSIV-SEGELKURSE AUF MURTER [125 D6]

Maximal 30 Schüler kann die *ANA (Adriatic Nautical Academy)* in die Wochenkurse für Anfänger, Fortgeschrittene und Skipper gleichzeitig aufnehmen. In sechs Segelbooten sind die Schüler den ganzen Tag über auf See. Übernachtet wird in einfachen Mehrbettzimmern in der Marina von Jezera auf Murter. Rechtzeitige Anmeldung wird empfohlen. *Auskunft: ANA | Say Apart Hotel | Donje brdo b.b. | Jezera | Tel. 022/43 89 99 | www.anasailing.com*

■ TAUCHEN

In nahezu jedem Ferienort gibt es inzwischen Tauchbasen und Tauchschulen. Taucher benötigen einen Taucherausweis, der nur nach Vorlage einer Tauchqualifikation von den Tauchschulen ausgestellt wird (100 Kuna für ein Jahr). *Auskunft: Kroatische Zentrale für Tourismus | Tel. 069/238 53 50 | www.croatia.hr*

■ WANDERN

Interessante Wanderwege in schöner Naturlandschaft finden Sie auf den Inseln Brač, Hvar und Korčula, im Nationalpark der Insel Mljet und im Nordwesten der Halbinsel Pelješac. Auf dem Festland sind Wandertouren durch die Nationalparks Paklenica,

Wassersport – auch die leiseren Varianten – ist fast überall möglich

Plitwitzer Seen und Krka sowie durch die Naturparks Velebit und Biokovo ausgeschildert.

Für den Höhenwanderweg Dalmacija, 120 km durch die Gebirge Mitteldalmatiens (Kozjak, Mosor, Biokovo), wo Sie selten gewordene Pflanzen finden, benötigt man rund sieben Tage. Die Wege sind einheitlich mit einem von einem roten Kreis umrandeten weißen Punkt markiert. Geführte ein- und mehrtägige Wandertouren organisiert *Biokovo Active Holidays | Kralja Petra Kresimira | Makarska | Tel. 021/67 96 55 | Fax 67 96 57 | www.biokovo.net*.

> DER BESTE SPIELPLATZ IST DAS MEER

Jede Menge Sonnenschein und sauberes, badewannenwarmes Wasser schaffen beste Voraussetzungen für den Familienurlaub

> **Die meisten Kieselstein- und Felsenstrände der dalmatinischen Küste sind von Schatten spendendem Grün eingerahmt. Sandstrände hat die Natur den Dalmatinern nur an vereinzelten Plätzen in bescheidenem Umfang beschert.** Es gibt sie beispielsweise in Lumbarda auf Korčula, in der Bucht Saharun auf Dugi otok oder um die Lagune vor dem Städtchen Nin. Die schönsten, seicht ins Wasser abfallenden Kieselstrände finden Sie entlang der Makarska-Riviera. Gefahrlos planschen die Jüngsten in den Kinderbecken der Ferienanlagen.

Wie in allen anderen mediterranen Regionen ist es in Dalmatien üblich, Kinder in Restaurants, Museen, Ausstellungen und auf Feste bis spätabends mitzunehmen. Genießen Sie mit Ihren Kindern die lauen Sommernächte, und legen Sie lieber in der heißen Tageszeit ein dalmatinisches *pižolot* (Mittagsschläfchen) ein.

> *www.marcopolo.de/kroatienkueste-dal*

MIT KINDERN UNTERWEGS

▪ REGION ZADAR

AQUARIUM VODICE [126 A2]

Vodices Aquarium bietet über 100 verschiedenen Fischarten aus der kroatischen Adria eine Heimat: Richtig unheimlich sind die Rochen und Haie. Außerdem gibt's Schiffsmodelle und historische Taucherausrüstungen zu sehen. *Obala Matice Hrvatske | tgl. 9–20 Uhr | Eintritt 20 Kuna, Kinder 11–18 Jahre 15 Kuna | http:// aquarium-vodice.com*

BAUERNHOF DER FAMILIE KALPIĆ [126 B1]

Familie Kalpić führt ihre Gäste noch selbst auf dem Bauernhof im Hinterland von Šibenik herum, zeigt ihnen den Weingarten und die Feigenbäume, von denen man naschen darf. Ein herrlicher Platz zum Herumtollen ist die große Wiese nebenan. Die Gäste werden mit hausgemachtem Schinken und Schafskäse, mit frisch gebackenem Fladenbrot und selbst

gekeltertem Wein traditionell bewirtet. *17 km nordöstlich von Šibenik abseits der Straße nach Knin im Dorf Radonić | Tel. 091/584 55 20 | www. agrotour-kalpic.com*

FALKNEREI [126 B2]

Auge in Auge mit Adler, Falke, Bussard und Habicht: 18 Greifvögel sind ständig in der Obhut von Emilio Mendjušić in Kroatiens einzigem Falknerzentrum. Den Besuchern demonstriert Emilio seine tägliche Arbeit, z.B. die Fütterung der Tiere auf der von einem dicken Handschuh geschützten Hand. Ein prickelndes Gefühl, unter Aufsicht dem sich im Sturzflug nähernden Bussard die Beute selbst hinzuhalten. Das *Sokolarski Centar* liegt am Rand des Dorfs Dubrava. *8 km südöstlich von Šibe-*

Insider Tipp

An seicht abfallenden Stränden wird jedes Kind zur Wasserratte

nik, Šibenik auf der Kralja Zvonimira nach Nordosten verlassen und nach 5 km auf Straße 6091 nach rechts abbiegen | Mo–Sa 10–19 Uhr | Eintritt 20 Kuna

WINNETOULAND [125 D1]

Endlich kehrt die Rothaut nach Kroatien zurück: In Rakovica bei den Plitwitzer Seen wurde 2009 der Vergnügungspark Winnetouland eröffnet. Indianertipis, Ponys, Schießen mit Pfeil und Bogen und ein buntes Programm unterhalten Groß und Klein. Infos dazu unter *www.winnetouland.hr*. *Mai–Sept. 9–22 Uhr | Erw./Kinder 50 Kuna*

▓ REGION SPLIT ▓▓▓▓▓

BADEN AM FAMILIENSTRAND [127 D4]

Der Kiesstrand von *Punta Rata* in *Brela* gilt als einer der kinder- und familienfreundlichsten Kroatiens. Er fällt so sanft ins Meer ab, dass auch Kleinkinder ohne Gefahr im Wasser planschen können. Der Kies ist fein und wesentlich angenehmer als der oft scharfkantige Stein der Felsstrände. Ein Kiefernwäldchen sorgt für Schatten, und in mehreren Cafés gibt's kindgerechte Snacks.

BADEN IN DER GROSSSTADT [126 C3]

Für all die Kulturdenkmäler in Kirchen, Palästen und Museen oder die vielen Läden in den Gassen der Altstadt von Split sind Kinder meist nicht lange zu interessieren. Wenn auch das versprochene Eis nicht mehr über aufkommende Langeweile hinwegtrösten kann, legen Sie eine Erholungspause am Badestrand oder im Wald ein. Vom Diokletianpalast gehen Sie zu Fuß etwa 20 Minuten zum

Stadtstrand Bačvice, einem respektablen Freizeitzentrum in einer seichten Kieselstrandbucht hinter den Fähranlegern. An die Westseite der Altstadt schließt sich der von Spazierwegen durchzogene Waldpark Marjan an. In der Nähe des Aussichtspunkts Varoš befindet sich auch ein Spielplatz.

EINMAL KAPITÄN SEIN

Auf den nachgebauten historischen Segelschiffen durch die kroatische Inselwelt tuckern, beim Segellichten helfen, in einsamen Buchten baden, vor "Piratennestern" Anker werfen und sich vom Schiff in die glasklaren Fluten stürzen – allein dieses Programm macht Kindern Spaß. Dass sie bei Landgängen Festungsmauern erklettern, durch historische Städtchen bummeln oder an Familienstränden ins Wasser hüpfen können, erhöht das Vergnügen. Über die Kreuzfahrten unterschiedlicher Länge informiert das Kroatische Fremdenverkehrsamt *(www.croatia.hr)*. Der Familienreiseveranstalter vamos-Reisen *(www.vamos-reisen.de)* hat sie ebenfalls im Programm.

WAS WÄCHST DENN DA?　　　[127 E4]

Am Rand des Naturparks Biokovo gedeihen im 16,5 ha großen *Botanischen Garten Kotišina* Hunderte einheimischer Pflanzen; Steintafeln tragen die botanischen Namen der einzelnen Arten. *Kotišina | 3 km nördlich von Makarska | Eintritt frei*

■ REGION DUBROVNIK ■■■■■

FAMILIENSPASS AUF ŠIPAN　　[129 D5]

Familienferien auf dem Elaphiten-Archipel: Bei *vamos-Reisen* können

Sie einen abwechslungsreichen Urlaub mit organisierten Mountainbike-Touren, Tauchkursen für Kinder ab acht Jahren, Wanderungen zu einer urigen Ölmühle, Seekajak-Ausflügen und einer Filmwerkstatt für Jugendliche buchen. Übernachtet wird im *Hotel Šipan* in Familienzimmern mit Verbindungstür. *vamos Reisen | Hindenburgstr. 27 | 30175 Hannover | Tel. 0511/400 79 90 | Fax 40 07 99 99 | www.vamos-reisen.de*

MEERESAQUARIUM DUBROVNIK　[129 D5]

Kraken haben acht Arme mit Saugnäpfen, Seepferdchen bewegen sich immer in aufrechter Haltung vorwärts, Rochen schweben wie Vögel elegant durch das Wasser, Langusten und die schlangenartigen Muränen halten sich in Felsspalten versteckt. In 27 Aquarien, eingebaut in die alte Festungsmauer, lassen sich die Bewohner der Adria in ihrem nachgestellten Lebensraum beobachten. *D. Jude 2 | Festung Sv. Ivan, am Alten Hafen | Sommer Di–So 9–18, Winter Di–So 9–13 Uhr | Eintritt 20 Kuna, Kinder 10 Kuna*

SCHIFFSTOUR AB GRUŽ　　　[129 D5]

Haben Ihre Kleinen genug von Badeschuhen und Steinstränden? Dann unternehmen Sie doch einen Ausflug nach *Lopud*. Allein die Anreise von Dubrovniks Hafen Gruž auf dem betagten Fährschiff ist ein Abenteuer! In Lopud ist es dann eine kurze Wanderung durch wild wuchernde Macchia zum Strand, wo endlich Sandburgenbauen angesagt ist. Aber nicht die letzte Fähre zurück verpassen! Fahrtzeiten unter *www.jadrolinija.hr*

> VON ANREISE BIS ZOLL

Urlaub von Anfang bis Ende: die wichtigsten Adressen und Informationen für Ihre Dalmatien-Reise

ANREISE

AUTO

Eine durchgängige Autobahnverbindung von Deutschland, Österreich und der Schweiz nach Dalmatien existiert noch nicht. Die schnellste östliche Route führt über Ljubljana und Novo Mesto/Slowenien nach Karlovac/Kroatien und über Zadar nach Split. Westlich fährt man über Triest/Italien, Koper/Slowenien und Rijeka an die Küste.

Der Autobahnausbau bis Dubrovnik soll schon 2009 abgeschlossen sein; bislang endet die Autobahn aber 36 km hinter Split. Slowenische wie kroatische Autobahnen sind mautpflichtig.

BAHN

Euro-City-Züge fahren aus Deutschland und Österreich nach Zagreb und Rijeka, nationale Züge auch nach Zadar, Šibenik und Split, *www.bahn.de*. Autoreisezüge fahren ab Hamburg und Frankfurt/Main nach Villach oder Triest, *www.dbautozug.de*.

BUS

Aus vielen größeren Städten in Deutschland, Österreich und der Schweiz fahren Linienbusse nach Zagreb, Rijeka und Split. Von dort haben Sie Anschluss an das sehr gut ausgebaute örtliche Busnetz Kroatiens. Reisen mit dem Bus ist

PRAKTISCHE HINWEISE

preiswerter als mit der Bahn. *www.touring.de*

FLUGZEUG

Linienflüge gibt es aus Deutschland, Österreich und der Schweiz mit Croatia Airlines *(www.croatiaairlines.hr)* und internationalen Fluggesellschaften nach Zagreb und Split; Inlandflüge von Zagreb nach Zadar, Split und Dubrovnik; im Sommer Charterflüge direkt nach Zadar, Split und Dubrovnik, z.B. von Germanwings *(www.germanwings.com)*, Tui-Fly *(www.tuifly.com)* und Air Berlin *(www.airberlin.com)*.

SCHIFF

Küstenlinie Rijeka–Split–Dubrovnik täglich: Die Autofähren bedienen im Wechsel auch Dugi otok, Zadar sowie die Inseln Hvar, Vis, Korčula und Mljet. Autofährlinien von Italien: Ancona–Zadar, Ancona–Split–Hvar–Korčula, Bari–Dubrovnik. *www.jadrolinija.hr*

■ AUSKUNFT VOR DER REISE

KROATISCHE ZENTRALE FÜR TOURISMUS

Kaiserstr. 23 | 60311 Frankfurt | Tel. 069/238 53 50 | Fax 238 53 52/0 | info@visitkroatien.de
Am Hof 13 | 1010 Wien | Tel. 01/585 38 84 | Fax 585 38 84 20 | office@kroatien.at
Badenerstr. 332 | 8004 Zürich | Tel. 043/336 20 30 | Fax 336 20 39, info@kroatien-tourismus.ch

■ AUSKUNFT VOR ORT

Staatliche Infobüros finden Sie in jedem größeren Ort, meist heißen sie *Tourist Info* oder *Turistična zajednica*, abgekürzt *tz*. Hier bekommen Sie Informationsmaterial, Bus- und Schiffsfahrpläne, Stadtpläne etc. und

❯ WAS KOSTET WIE VIEL?

❯ KAFFEE	**1 EURO**	in der Cafébar für eine Tasse Espresso
❯ EIS	**1,20 EURO**	für zwei Kugeln
❯ IMBISS	**4,80–8 EURO**	für eine Pizza
❯ MUSEUM	**2–3 EURO**	für eine Eintrittskarte
❯ BENZIN	**1,05 EURO**	für 1 l Super
❯ LIEGESTUHL	**3–8 EURO**	Miete pro Tag

können meist auch Geld wechseln. In der Hochsaison sind die Büros durchgehend und täglich geöffnet, in der Nebensaison oft nur am Vormittag oder mit einer längeren Mittagspause. Neben den staatlichen gibt es eine Vielzahl privater Reiseagenturen, die sich oft *Tourist-Biro* oder ähnlich nennen und auf Vermittlung von Privatzimmern oder Apartments und von Ausflügen spezialisiert sind.

AUTO

Nationale Zulassung und nationaler Führerschein genügen. Die grüne Versicherungskarte ist für sämtliche Fahrzeuge vorgeschrieben. Wenn Sie nicht mit dem eigenen Fahrzeug nach Kroatien einreisen, benötigen Sie eine Vollmacht des Halters.

Geschwindigkeitsbeschränkungen: innerorts 50 km/h, Landstraßen 90 km/h, Schnellstraßen 110 km/h, Autobahnen 130 km/h, Gespanne außerhalb von Ortschaften 80 km/h. Die Promillegrenze liegt bei 0,5. Auch tagsüber ist das Abblendlicht einzuschalten. Schulbusse dürfen beim Ein- und Aussteigen der Kinder nicht überholt werden. Jeder Unfall (das Tragen einer Warnweste ist Pflicht) muss der Polizei gemeldet werden, die eine Bestätigung des Schadenfalls ausstellt; damit vermeidet man eventuelle Probleme bei der Ausreise.

Kroatien hat ein gut ausgebautes Netz von Servicestationen und Tankstellen; alle Kraftstoffsorten sind ausreichend in EU-Qualität vorhanden. Die Autobahnbenutzung ist gebührenpflichtig. ADAC-Notrufzentrale unter *Tel. 01/344 06 66* in Zagreb (deutschsprachig); der kroatische Pannenhilfsdienst HAK ist rund um die Uhr besetzt: *Tel. 987.*

BANKEN

Es gibt keine einheitlichen Öffnungszeiten, meistens sind Banken *Mo–Fr 7–19, Sa 7–13 Uhr* geöffnet. In den Touristenorten finden Sie Geldautomaten, an denen Sie Bargeld mit EC- und Kreditkarte abheben können. Geldumtausch ist auch in den Wechselstuben sowie an den Hotelrezeptionen möglich.

BUS

Eine Alternative für Ausflüge ohne Parkplatzprobleme: Das gut ausgebaute Linienbusnetz erreicht auch kleinere Ortschaften entlang der Küste und auf den Inseln. Die Autobusse verkehren häufig und regelmäßig zu niedrigen Fahrpreisen.

CAMPING

Außerhalb der dafür ausgewiesenen Plätze ist Camping und das Übernachten in Wohnmobilen verboten. Von den über 520 kroatischen Campingplätzen liegen die allermeisten an der Adriaküste. Kroatien hat die meisten Plätze nach gehobenem internationalem Standard modernisiert. *www.camping.hr*

DIPLOMATISCHE VERTRETUNGEN

DEUTSCHE BOTSCHAFT
Ulica grada Vukovara 64 | Zagreb | Tel. 01/630 01 00 | Fax 615 55 36 | www.zagreb.diplo.de

ÖSTERREICHISCHE BOTSCHAFT
Radnicka cesta 80 (Zagreb-Tower) | Zagreb | Tel. 01/488 10 50 | Fax 483 44 61

SCHWEIZER BOTSCHAFT
Bogovićeva 3 | Zagreb | Tel. 01/ 487 88 00 | Fax 481 08 90 | www. eda.admin.ch/zagreb

EINREISE

Bürger der EU und der Schweiz benötigen von einem maximalen Aufenthalt von 90 Tagen für die Einreise einen für die Dauer der Reise gültigen Personalausweis oder Reisepass. Gleiches gilt für Personen, die auf der Küstenstraße nach Süddalmatien bei Neum das Gebiet von Bosnien-Herzegowina durchqueren.

FÄHREN

Die regionalen Fährverbindungen zu den Inseln, die Küstenlinie Rijeka–Dubrovnik sowie die internationalen Fährlinien nach Italien und Griechenland werden maßgeblich von Schiffen der staatlichen Reederei Jadrolinija bedient. Im regionalen Liniendienst ist keine Platzreservierung möglich. Autofahrer sollten sich deshalb rechtzeitig vor Abfahrt des Schiffs in die Wartespur vor dem Anleger einreihen. Die Einschiffung beginnt 2–3 Stunden vor der Abfahrt, in den Häfen unterwegs direkt nach Ankunft. Passagiere mit Reservierungen müssen sich mindestens 2 Sunden vor Schiffsabfahrt im Hafenbüro melden *(www.jadrolinija.hr)*.

Reservierungen und Tickets über *DER Traffik* in deutschen Reisebüros oder über *www.ocean24.de;* Österreich: *Österreichisches Verkehrsbüro* | Tel. 01/503 00 20 10 | *www.faehren. at;* Schweiz: *Cosulich* | Tel. 044/ 363 52 55 | *www.cosulich.ch*

GELD & PREISE

Kroatische Währung ist die Kuna, unterteilt in hundert Lipa. Das Preisniveau ist, gemessen an kroatischen Einkommen, ziemlich hoch. Essen gehen in einem guten Restaurant können sich nicht viele leisten, auch Lebensmittel sind relativ teuer.

GESUNDHEIT

Auf dem Festland und den größeren Inseln gibt es Apotheken und Deutsch bzw. Englisch sprechende Ärzte. Adressen erfahren Sie in den Unterkünften, bei den örtlichen Vertretern der Reiseveranstalter oder über die Touristinformation.

Der Auslandskrankenschein Ihrer Versicherung wird nicht immer akzeptiert; dann ist die Behandlung bar zu zahlen. Ratsam ist deshalb der Abschluss einer privaten Reisekrankenversicherung, die auch den Krankenrücktransport abdeckt.

WÄHRUNGSRECHNER

€	HRK	HRK	€
1	7,30	5	0,68
3	22,00	10	1,36
5	36,50	25	3,40
8	58,50	40	5,45
15	109,50	70	9,50
20	146,00	100	13,60
50	365,00	200	27,20
70	510,00	500	68,00
100	730,00	750	102,00

INTERNET

Das Internet ist in Kroatien weit verbreitet. Informative Websites: *www.croatia.hr* (Seiten der kroatischen Tourismuszentrale), *www.kroatien-links.de*, *www.faszination-kroatien.de*, *www.adriatica.net* (Online-Buchungen), *www.skippertipps.de* (Regionenspezifisches für Bootsfahrer), *www.croatia-beaches.com* (die schönsten Strände, die besten Partys), *www.mein-kroatien.info* (eine Art Wikipedia-Spezial zu Kroatien), *www.forum-kroatien.de* (Info- und Diskussonsforum), *www.hac.hr* (der aktuelle Stand beim Autobahnausbau; Mautgebühren), *www.klubskascena. com* (die Nightlife-Termine in ganz Kroatien), *www.findcroatia.com*

(Linksammlung zu allen touristisch relevanten Themen), *www.light houses-croatian.com* (Wohnen in Leuchttürmen), *www.adriakite.com* (die besten Spots für Kitesurfer), *www.gault-millau.at* (Feinschmecker-adressen, Kroatien im Aufbau)

▓ INTERNETCAFÉS & WLAN ▓

Internetcafés gibt es in den meisten Orten, häufig haben auch die Tourist-informationen einen Internetzugang und können Ihnen Hotspots nennen.

WLAN-Zugang ist im öffentlichen Bereich noch selten zu finden, wohl aber in den meisten Marinas des ACI *(www.aci-club.hr)* sowie in höher-klassigen Geschäfts- und Pauschal-hotels.

▓ MIETWAGEN ▓

Autovermietungen gibt es in allen größeren Ferienorten. Die Voraussetzungen zum Mieten eines Autos sind nicht einheitlich geregelt: Meistens gelten ein Mindestalter von 21 Jahren und 2 Jahre Fahrpraxis. Für einen Mittelklassewagen zahlt man ca. 50 Euro pro Tag.

▓ NOTRUFE ▓

Polizei *(policija)*: Tel. 92; Feuerwehr *(vatrogasci)*: Tel. 93; Rettung *(hitna pomoć)*: Tel. 94

▓ ÖFFNUNGSZEITEN ▓

Die Mehrzahl der Restaurants hat in der Hauptsaison von April/Mai bis Ende September von mittags bis abends durchgehend geöffnet. In der Nebensaison ist nur noch ein Teil der Hotels, Restaurants und Geschäfte in den Ferienzentren geöffnet. Gleiches gilt für die Museen. Die Öffnungszeiten von Museen ändern sich oftmals sogar innerhalb einer Saison. Informieren Sie sich vor Ort bei der jeweiligen Touristeninformation.

WETTER IN SPLIT

	Jan.	Feb.	März	April	Mai	Juni	Juli	Aug.	Sept.	Okt.	Nov.	Dez.
	10	11	14	18	22	27	31	31	26	21	16	11
Tagestemperaturen in °C												
	5	5	7	10	14	18	21	20	17	14	11	6
Nachttemperaturen in °C												
	4	5	6	7	9	10	12	11	8	6	4	3
Sonnenschein Std./Tag												
	9	8	8	7	7	6	4	3	6	8	11	12
Niederschlag Tage/Monat												
	13	12	13	14	17	21	23	24	22	19	16	14
Wassertemperaturen in °C												

PRAKTISCHE HINWEISE

■ POST

Die Öffnungszeiten der Postämter (*pošta*) sind nicht einheitlich, meist aber *Mo–Fr 7–19, Sa 8–13 Uhr*. Das Porto für Postkarten ins europäische Ausland beträgt 3,50 Kuna.

■ RAUCHEN

Seit Mai 2009 ist das Rauchen in allen öffentlichen Räumen sowie auch in allen Restaurants und Hotels verboten. Bei Missachtung drohen hohe Geldstrafen.

■ REISEZEIT

Die Hauptsaison mit den höchsten Preisen in Hotels und Restaurants fällt auf die Monate Juli und August. In dieser Zeit ist es unbedingt ratsam, seine Unterkunft vorab zu reservieren, da alle Hotels nahezu ausgebucht sind. Zudem sind die Preise für Individualgäste oft überteuert. Sicherer und meist erheblich günstiger ist es, ein gleiches Angebot (auch tageweise) vorab bei einem Reiseveranstalter zu buchen.

Die schönsten Reisezeiten sind Mitte Mai bis Ende Juni, wenn der Ginster blüht, und der September, wenn die Sommerhitze abklingt, die Adria aber noch angenehme Badetemperaturen aufweist. Im Spätsommer und Herbst kann der kalte Fallwind Bora für Wetteränderung und aufgewühltes Meer sorgen.

■ TELEFON & HANDY

Am günstigsten telefonieren Sie mit einer Telefonkarte von einem der zahlreichen Kartentelefone. Die Bedienungsanleitung erscheint auf Knopfdruck in deutscher Sprache auf dem Display. Die günstigsten Tarife gelten werktags nach 22 Uhr und am Sonntag tagsüber.

Internationale Ländervorwahl für Kroatien: *00385;* Vorwahl nach Deutschland: *0049*, nach Österreich: *0043*, in die Schweiz: *0041*.

Beim Roaming spart, wer das günstigste Netz wählt. Mit einer kroatischen Prepaid-Karte entfallen die Gebühren für eingehende Anrufe. Prepaid-Karten wie die von GlobalSim *(www.globalsim.net)* oder Globilo *(www.globilo.de)* sind zwar teurer, ersparen aber ebenfalls alle Roaming-Gebühren. Und: Sie bekommen schon zu Hause Ihre neue Nummer. Immer günstig sind SMS. Hohe Kosten verursacht die Mailbox: noch im Heimatland abschalten!

■ TRINKGELD

Guten Service sollte man im Restaurant mit etwa 10 Prozent des Rechnungsbetrags honorieren. Bewährte Regel im Hotel: Wer dem Personal kurz nach der Ankunft mit einem angemessenen Trinkgeld (ab ca. 2,50 Euro pro Woche) die Arbeit versüßt, erntet die Früchte dieser Aufmerksamkeit während seines Aufenthalts.

■ ZOLL

Proviant für den persönlichen Bedarf können Sie zollfrei einführen, außerdem u. a. 500 g Kaffee, 200 Zigaretten oder 50 Zigarren, 1 l Spirituosen oder 5 l Tafelwein, 50 g Parfüm oder 0,25 l Eau de Toilette. Gleiche Freimengen gelten bei der Wiedereinreise in die EU. Alle wertvollen Dinge, die über gewöhnliches Reisegepäck (einschließlich Kameras oder Laptops) hinausgehen, sollte man an der Grenze deklarieren. *www.zoll.de*

„Sprichst du Kroatisch?" Dieser Sprachführer hilft Ihnen, die wichtigsten Wörter und Sätze auf Kroatisch zu sagen

Aussprache

Das Kroatische wird in der Regel so ausgesprochen, wie es geschrieben wird. Besonderheiten:

č – tsch wie in **Tsch**eche; ć – zwischen tch und tsch, etwa wie in Hü**tch**en;

š – stimmloses sch wie in **sch**ön; ž – wie j in Journal

Alle Vokale sind offen und müssen in jeder Stellung deutlich ausgesprochen werden. Bei Vokalverbindungen ist jeder einzelne Vokal hörbar: reuma = re-u-ma. Das Silben bildende r muss ebenfalls deutlich ausgesprochen werden: vrba, Krk. Die Konsonanten haben immer die gleiche Aussprache:

le**d** – Eis (d, nicht t), bo**g** – Gott (g, nicht k).

Zweisilbige Wörter werden auf der ersten Silbe betont, bei mehrsilbigen Wörtern haben wir die betonte Silbe durch einen Punkt gekennzeichnet.

Abkürzungen: *ugs* = umgangssprachlich; *f* = weibliche Sprecherin

■ AUF EINEN BLICK

Ja./Nein./Vielleicht.	Da./Ne./Možda.
Bitte.	Molim.
Danke.	Hvala.
Gern geschehen.	Vrlo rado.
Entschuldigung!	Oprǫstite! Pardon!
Wie bitte?	Molim?
Ich verstehe Sie/dich nicht.	Ne razụmijem Vas/te.
Ich spreche nur wenig …	Gǫvorim samo malo …
Können Sie mir bitte helfen?	Molim Vas mǫžete li mi pǫmoći?
Ich möchte …	Htio (Htjela *f*) bih …
Das gefällt mir (nicht).	To mi se (ne) svidja.
Haben Sie …?	Ịmate li …?
Wie viel kostet es?	Kǫliko stoji (*ugs* košta)?
Wie viel Uhr ist es?	Kǫliko je sati?

■ KENNENLERNEN

Guten Morgen!	Dobro jutro!
Guten Tag!	Dobar dan!
Guten Abend!	Dobra večer!
Hallo! Grüß dich!	Halo! (*ugs* Bok!)

> **www.marcopolo.de/kroatienkueste-dal**

SPRACHFÜHRER KROATISCH

Mein Name ist …/	Moje ime je …/
Ich heiße …	Zovem se …
Wie ist Ihr Name, bitte?	Kako Vam je ime, molim?
Wie geht es Ihnen/dir?	Kako ste/si?
Danke. Und Ihnen/dir?	Hvala. A Vi/ti?
Auf Wiedersehen!	Do vidjenja!
Tschüs!	Zdravo! (ugs Bok!/Adio!)
Bis bald!	Do skorog vidjenja!

UNTERWEGS

AUSKUNFT

links/rechts	lijevo/desno
geradeaus	ravno
nah/weit	blizu/daleko
Bitte, wo ist …?	Molim Vas, gdje je …?
Wie weit ist das?	Koliko je to daleko?
Ich möchte für … Tage/	Htio (Htjela f) bih za … dana/jedan
eine Woche … mieten.	tjedan unajmiti …
… einen Wagen …	… kola/auto.
… ein Motorrad …	… motor/motocikl.
… einen Motorroller …	… skuter/vespu.
… ein Fahrrad …	… bicikl.
Zum Bahnhof.	Na kolodvor.

PANNE

Ich habe eine Panne.	Imam kvar. (ugs defekt)
Würden Sie mir bitte einen	Molim Vas da li biste mi poslali
Mechaniker/Abschlepp-	mehaničara/vučno vozilo?
wagen schicken?	
Wo ist hier in der Nähe	Gdje ima u blizini neka radionica?
eine Werkstatt?	

TANKSTELLE

Wo ist bitte die nächste Tankstelle?	Molim Vas gdje je najbliža
	benzinska stanica?
Ich möchte … Liter …	Molim … litara …
… Super.	… supera.
… Diesel.	… dizela.
… Bleifrei	… bez olova
Volltanken, bitte.	Napunite, molim.

UNFALL

Hilfe!	U pomoć!
Es ist ein Unfall passiert.	Dogodila se nesreća.
Rufen Sie bitte schnell …	Molim Vas pozovite brzo …
… einen Krankenwagen.	… vozilo hitne pomoći.
… die Polizei.	… policiju.
… die Feuerwehr.	… vatrogasce.
Haben Sie Verbandszeug?	Imate li pribor za previjanje?
Es war meine/Ihre Schuld	Bila je moja/Vaša krivica.
Geben Sie mir bitte Ihren Namen und Ihre Anschrift/ Namen und Anschrift Ihrer Versicherung.	Dajte mi, molim Vas, Vaše ime i adresu/ime i adresu Vašeg osiguranja.

ESSEN/UNTERHALTUNG

Wo gibt es hier …	Gdje se nalazi …
… ein gutes Restaurant?	… neki dobar restoran?
… mit Hausspezialitäten?	… s domaćim specijalitetima?
… ein nicht zu teures Restaurant?	… neki jeftiniji restoran?
Wo kann man hier in der Nähe gut/preiswert essen?	Gdje se može u blizini dobro/ jeftino jesti?
Reservieren Sie uns bitte für heute Abend einen Tisch für vier Personen.	Molim Vas rezervirajte nam za večeras stol za četiri osobe.
Auf Ihr/dein Wohl!	Na zdravlje!
Bezahlen, bitte.	Platiti, molim.

EINKAUFEN

Wo finde ich …	Gdje mogu naći …
… eine Apotheke?	… ljekarnu, apoteku?
… eine Bäckerei?	… pekaru?
… eine Drogerie?	… drogeriju?
… Fotoartikel?	… fotopribor?
… ein Lebensmittelgeschäft?	… trgovinu namirnicama?
… einen Markt?	… tržnica?

ÜBERNACHTEN

Können Sie mir bitte … empfehlen?	Molim Vas možete li mi preporučiti …?
… ein gutes Hotel…	… dobar hotel?
… eine Pension…	… neki penzion?
Haben Sie noch Zimmer frei?	Imate li još slobodnih soba?
… für eine Nacht	… za jednu noć

… für eine Woche
… ein Einzelzimmer
… ein Zweibettzimmer
… mit Bad
… mit Blick aufs Meer
Was kostet das Zimmer mit …
… Frühstück?
… Halbpension?

… za jedan tjedan
… jednokrevetnu sobu
… dvokrevetnu sobu
… s kupaonicom
… s pogledom na more
Koliko stoji/košta soba s …
… doručkom?
… polupenzionom?

PRAKTISCHE INFORMATIONEN

Können Sie mir einen guten Arzt empfehlen?
Ich habe Fieber.
Ich habe Kopfschmerzen.
Ich habe Zahnschmerzen.
Wo ist hier bitte …
… eine Bank?
… eine Wechselstube?
Was kostet …
… ein Brief …
… eine Postkarte …
… nach Deutschland?

Možete li mi preporučiti dobrog liječnika?
Imam temperaturu.
Boli me glava.
Imam zubobolju.
Molim Vas gdje je tu neka …
… banka?
… mjenjačnica?
Koliko stoji/košta …
… pismo …
… dopisnica …
za Njemačku?

ZAHLEN

0	nula, ništica	19	devetnaest
1	jedan (jedna f, jedno n)	20	dvadeset
2	dva (dvije f)	21	dvadeset jedan
3	tri	22	dvadeset dva
4	četiri	30	trideset
5	pet	40	četrdeset
6	šest	50	pedaset
7	sedam	60	šezdeset
8	osam	70	sedamdeset
9	devet	80	osamdeset
10	deset	90	devedeset
11	jedanaest	100	sto, stotina
12	dvanaest	200	dvjesto, dvjesta
13	trinaest	1000	tisuća
14	četrnaest	2000	dvije tisu´ce
15	petnaest	10000	deset tisu´ca
16	šesnaest		
17	sedamnaest	1/2	polovina […]
18	osamnaest	1/4	četvrtina […]

Blick auf Trogir

> UNTERWEGS IN DALMATIEN

Die Seiteneinteilung für den Reiseatlas finden Sie auf dem hinteren Umschlag dieses Reiseführers

REISE ATLAS

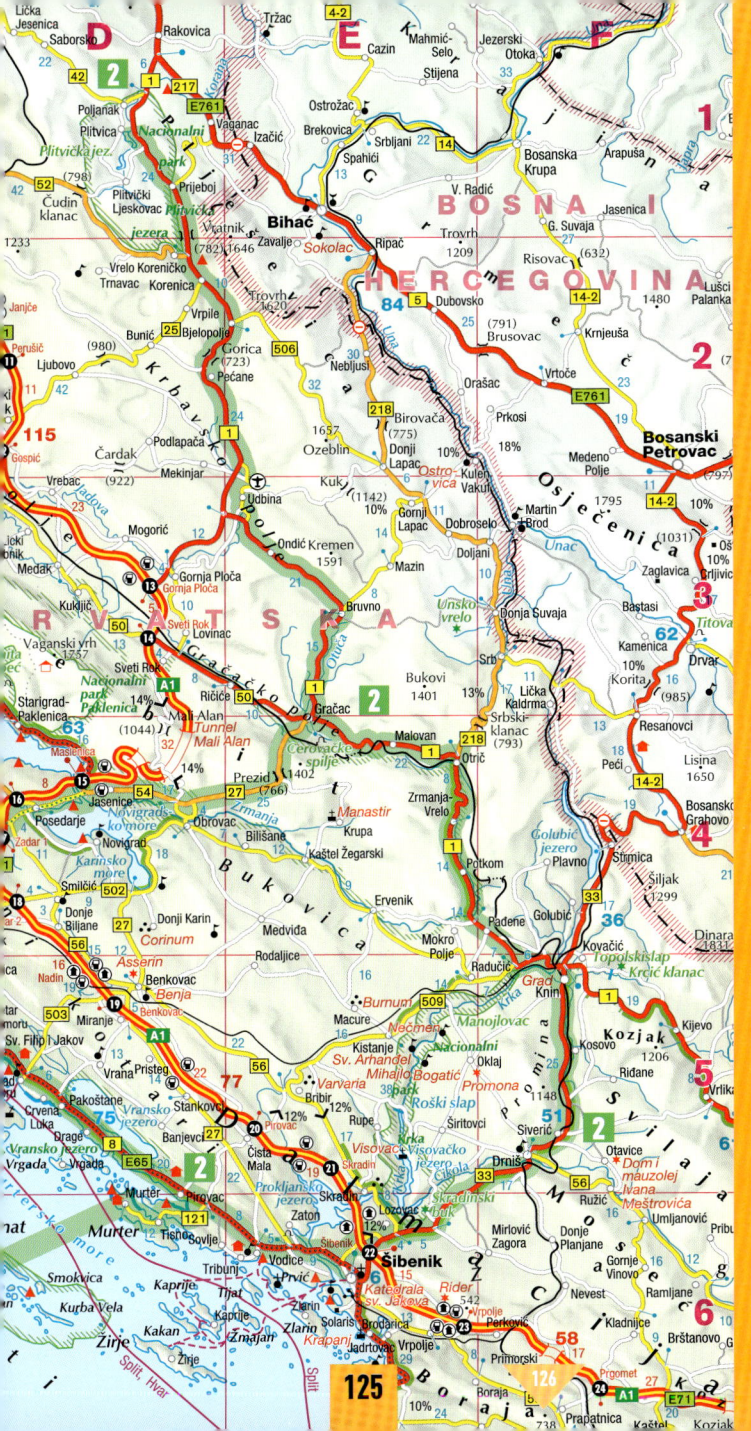

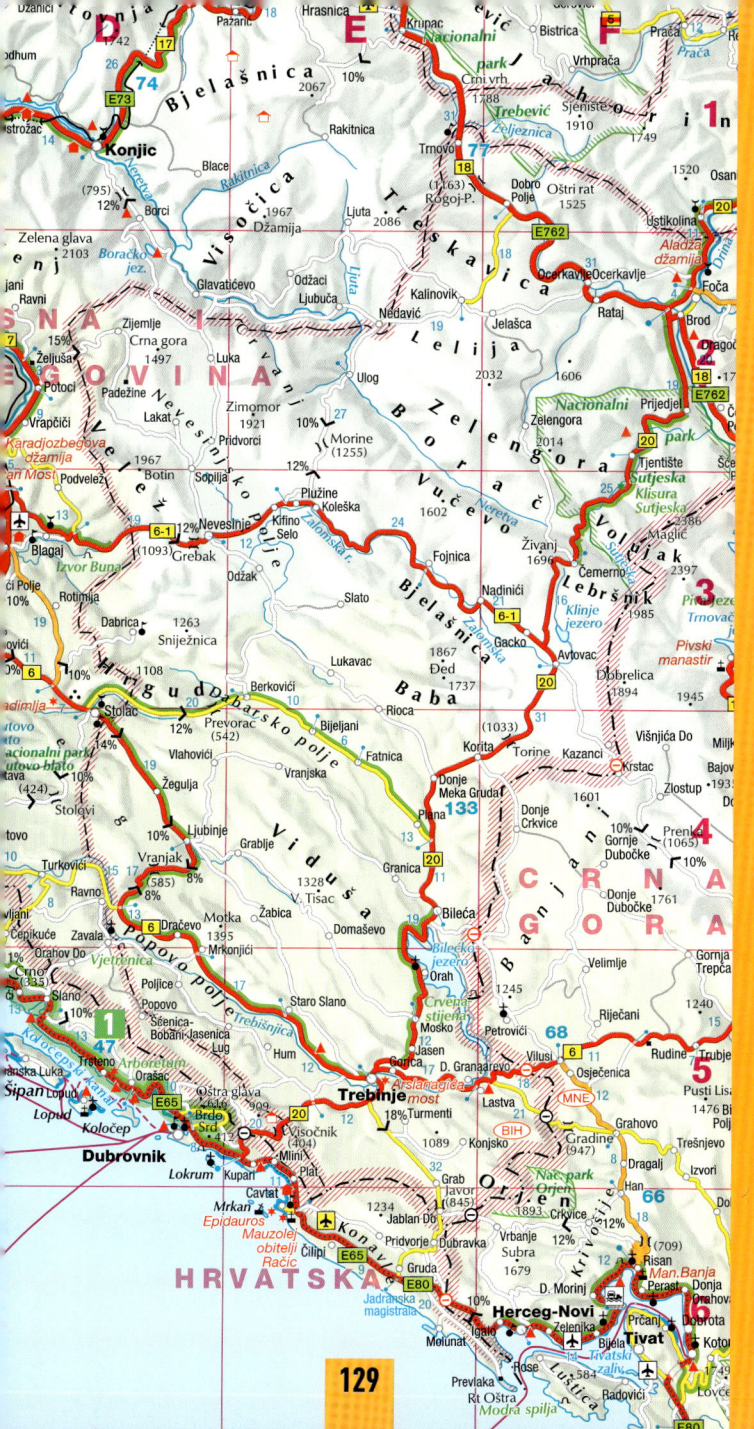

KARTENLEGENDE

	Autobahn mit Anschlussstellen	Motorway with junctions
	Autobahn in Bau	Motorway under construction
	Mautstelle	Toll station
	Raststätte mit Übernachtung	Roadside restaurant and hotel
	Raststätte	Roadside restaurant
	Tankstelle	Filling-station
	Autobahnähnliche Schnellstraße mit Anschlussstelle	Dual carriage-way with motorway characteristics with junction
	Fernverkehrsstraße	Trunk road
	Durchgangsstraße	Thoroughfare
	Wichtige Hauptstraße	Important main road
	Hauptstraße	Main road
	Nebenstraße	Secondary road
	Eisenbahn	Railway
	Autozug-Terminal	Car-loading terminal
	Zahnradbahn	Mountain railway
	Kabinenschwebebahn	Aerial cableway
	Eisenbahnfähre	Railway ferry
	Autofähre	Car ferry
	Schifffahrtslinie	Shipping route
	Landschaftlich besonders schöne Strecke	Route with beautiful scenery
Alleenstr.	Touristenstraße	Tourist route
XI-V	Wintersperre	Closure in winter
x x x x x	Straße für Kfz gesperrt	Road closed to motor traffic
8%	Bedeutende Steigungen	Important gradients
	Für Wohnwagen nicht empfehlenswert	Not recommended for caravans
	Für Wohnwagen gesperrt	Closed for caravans

* Wartenstein * Umbalfälle	Sehenswert: Kultur - Natur	Of interest: culture - nature
	Badestrand	Bathing beach
	Besonders schöner Ausblick	Important panoramic view
	Ausflüge & Touren	Excursions & tours
	Nationalpark, Naturpark	National park, nature park
	Sperrgebiet	Prohibited area
	Kirche	Church
	Kloster	Monastery
	Schloss, Burg	Palace, castle
	Moschee	Mosque
	Ruinen	Ruins
	Leuchtturm	Lighthouse
	Turm	Tower
	Höhle	Cave
	Ausgrabungsstätte	Archaeological excavation
	Jugendherberge	Youth hostel
	Allein stehendes Hotel	Isolated hotel
	Berghütte	Refuge
	Campingplatz	Camping site
	Flughafen	Airport
	Regionalflughafen	Regional airport
	Flugplatz	Airfield
	Staatsgrenze	National boundary
	Verwaltungsgrenze	Administrative boundary
	Grenzkontrollstelle	Check-point
	Grenzkontrollstelle mit Beschränkung	Check-point with restrictions
PARIS	Hauptstadt	Capital
MARSEILLE	Verwaltungssitz	Seat of the administration

FÜR IHRE NÄCHSTE REISE

gibt es folgende MARCO POLO Titel:

REGISTER

In diesem Register sind alle im Reiseführer erwähnten Orte, Inseln und Ausflugsziele aufgeführt. Halbfette Seitenzahlen verweisen auf den Haupteintrag.

IMPRESSUM

SCHREIBEN SIE UNS

Liebe Leserin, lieber Leser,

wir setzen alles daran, Ihnen möglichst aktuelle Informationen mit auf die Reise zu geben. Dennoch schleichen sich manchmal Fehler ein – trotz gründlicher Recherche unserer Autoren/innen. Sie haben sicherlich Verständnis, dass der Verlag dafür keine Haftung übernehmen kann.

Wir freuen uns aber, wenn Sie uns schreiben.

Senden Sie Ihre Post an die MARCO POLO Redaktion, MAIRDUMONT, Postfach 3151, 73751 Ostfildern, info@marcopolo.de

IMPRESSUM

Titelbild: Insel Vis (Schapowalow: Huber)
Fotos: BaBAI Wellness Centar: Paun Paunović (102 M.r.); Bilderberg: Modrak (28/29); COAST Project (13 o.); © fotolia.com: Comugnero Silvana (15 o., 102 u. r.); Fresh*: Scott Rounds (13 u.); R. Freyer (U. l., U. M., U. r., 2 M., 3 l., 3 M., 4 l., 4 r., 5, 6/7, 11, 16/17, 18, 21, 22, 26, 28, 29, 37, 40, 54, 56, 59, 60, 63, 64, 68, 71, 73, 75, 78, 79, 81, 82, 89, 92, 95, 106, 107, 122/123); Getty Images: Moos (22/23); Marina Grabovac (14 u.); HB Verlag: Kammerhof (90); Hotel Bellevue: Nino Sostaric (14 u.); Hotel Vestibul Palace: Petar Kožul (102 o. l.); Hvar Adventure: Damir Pacic (15 u. r.); © iStockphoto.com: bluestocking (102 M. l.), dwphotos (103 u.r.), kkgas (103 o. l.), mandygodbehear (103 M. l.), sandsun (14 M.), TSchon (103 M. r.); Sarah Jaeschke (12 o.); Ive Kora: Ivan Marković (12 u.); Laif: Amme (32, 96/97, 108/109), Hemispheres (3 r., 87, 93), Kuerschner (104/105), Zanettini (46/47); K. Maeritz (2 l., 30/31, 39, 48, 67, 100); Mauritius: Age (24/25), Imagebroker.net (85), Mattes (45), Röder (35), Thonig (8/9, 65), Weinhäupl (99); S. Sachau (50, 110); Schapowalow: Huber (1, 43); D. Schetar (134); Transit Archiv: Hirth (52/53, 76/77); White Star: Pasdzior (23, 27)

8., aktualisierte Auflage 2010
© MairDumont GmbH & Co. KG, Ostfildern
Chefredaktion: Michaela Lienemann, Marion Zorn
Autorin: Susanne Sachau; Bearbeitung: Daniela Schetar; Redaktion: Marlis von Hessert-Fraatz
Programmbetreuung: Silwen Randebrock
Bildredaktion: Gabriele Forst
Szene/24h: wunder media, München; Kartografie Reiseatlas: © MAIRDUMONT, D-73751 Ostfildern
Innengestaltung: Zum goldenen Hirschen, Hamburg; Titel/S. 1–3: Factor Product, München
Sprachführer: in Zusammenarbeit mit Ernst Klett Sprachen GmbH, Stuttgart, Redaktion PONS Wörterbücher

> UNSERE INSIDERIN

MARCO POLO Korrespondentin Daniela Schetar im Interview

Die Reisejournalistin Daniela Schetar ist im ehemaligen Jugoslawien geboren und reist jedes Jahr mehrere Wochen durch Dalmatien.

Sie fahren seit 20 Jahren nach Dalmatien. Wie ist es dazu gekommen?

Für mich als gebürtige Slowenin ist die dalmatinische Küste Teil meiner Heimat. Ich verbinde viele schöne Kindheitserinnerungen mit Dalmatien, und ich finde bis heute, dass es in Europa keine reizvollere und vielseitigere Küste gibt.

Was reizt Sie an Dalmatien?

Dalmatien ist immer wieder überraschend: Sie sehen karge, felsige Inselküsten und entdecken dann dahinter üppige Oasen, Weinreben, Obstbäume, Kiefernwälder. In winzigen Hafenstädtchen verbergen sich ungeahnte Kunstschätze aus venezianischer oder römischer Zeit. In einfachsten Konobas bekommen Sie kulinarische Köstlichkeiten. Und das Meer ist so glasklar und türkisblau – besser als in der Karibik!

Und was mögen Sie dort nicht so?

Eigentlich fällt mir dazu nichts ein; mich stört vielleicht nur, dass es in der Hochsaison einfach zu laut und überlaufen ist, im Juli bis Ferragosto, also Mitte August, wenn die Italiener Ferien haben. In dieser Zeit würde ich nicht

hinfahren. Die Preise sind dann deutlich höher, man findet schwer eine schöne Unterkunft und auch kaum einen Platz am Strand.

Sprechen Sie Kroatisch?

Ich spreche Slowenisch, was dem Kroatischen ja ziemlich ähnlich ist. Verstehen kann ich alles, und die Kroaten verstehen mein Slowenisch ebenfalls.

Wo leben Sie genau, und was machen Sie beruflich?

Ich lebe in München und arbeite als freie Reisejournalistin. Ich schreibe Reiseführer, Reportagen, Bildbände etc. für verschiedene große Verlage und Magazine.

Kommen Sie viel in Dalmatien herum?

Ja. Ich besuche Freunde und Verwandte und reise dort sehr viel, um mich über aktuelle Entwicklungen zu informieren und Neues zu entdecken. Ich bin wenigstens zweimal im Jahr vier bis sechs Wochen in Dalmatien unterwegs.

Mögen Sie die dalmatinische Küche?

Die dalmatinische Küche ist köstlich: viel Fisch, knackige Salate, Gemüse – die alte, jugoslawische Balkanküche ist fast völlig von den Speisekarten verschwunden. Was auch etwas schade ist, denn ich liebe Čevapčići. Mein dalmatinisches Lieblingsgericht ist *pašticada*, in Rotwein geschmortes und aromatisch gewürztes Rindfleisch.

10 € GUTSCHEIN
für Ihr persönliches Fotobuch*!

Gilt aus rechtlichen Gründen nur bei Kauf des Reiseführers in Deutschland und der Schweiz

SO GEHT'S: Einfach auf www.marcopolo.de/fotoservice/gutschein gehen, Wunsch-Fotobuch mit den eigenen Bildern gestalten, Bestellung abschicken und dabei Ihren Gutschein mit persönlichem Code einlösen.

Ihr persönlicher Gutschein-Code: `mprketb8uv`

Zum Beispiel das MARCO POLO FUN A5 Fotobuch für 7,49 €.

www.marcopolo.de/fotoservice/gutschein

>BLOSS NICHT!

Auch in Dalmatien gibt es einige Dinge, die man vermeiden sollte

Politische Gespräche führen

Politische Themen sollte man nicht oder nur mit höchster Sensibilität und Verständnis für die Situation diskutieren. In Dalmatien, das mit dem jüngsten Krieg und seinen Auswirkungen in erheblich größerem Maß konfrontiert war als beispielsweise das nördlicher gelegene Istrien, ist das Kapitel Föderative Volksrepublik Jugoslawien und deren Zerfall noch längst nicht verarbeitet.

Feuer im Freien machen

In der heißen und trockenen Sommerzeit besteht erhöhte Waldbrandgefahr. Von Juni bis Oktober sind darum an der gesamten kroatischen Küste und auf den Inseln alle Arten offenen Feuers untersagt. Werfen Sie nie brennende Gegenstände oder Glas in die Umwelt. *Feuer umgehend über Telefonnummer 93 melden*

Bei Bora auf die Adria

Einige Male im Sommer, häufiger jedoch im Herbst, bricht aus gerade noch heiterem Himmel die Bora, der kalte nördliche Fallwind, über den Küstengebirgskamm auf die Küste herein. Das Meer ändert plötzlich seine Farbe, der dann ablandige Wind bläst die Wellen vom Ufer weg, die Temperaturen sinken buchstäblich in Windeseile. Alle Boote sollten dann sofort geschützte Buchten anlaufen. Sogar das Fahren mit Wohnwagengespannen kann während des starken Windes gefährlich werden.

Falsch parken

In der Hauptsaison auf Anhieb einen freien Parkplatz in den Straßen der Städte und Ferienorte zu finden kommt einem hohen Lottogewinn gleich. Sollten Sie doch einen Platz erwischt haben, vergewissern Sie sich, dass er nicht im Parkverbot liegt. Falsch parkende Autos werden gnadenlos abgeschleppt.

Baden ohne Badeschuhe

An scharfen Felskanten oder Seeigeln auf dem Meeresboden kann man sich beim Baden leicht verletzen, deshalb am besten Badeschuhe tragen! Ist das Unglück einmal passiert, Seeigelstacheln sofort mit einer Pinzette entfernen.

Bei Regen rasen

Bei einsetzendem Regen sollte man nur noch Schritttempo fahren: Der in trockenen Sommerwochen angesammelte Staub verwandelt die Straßen in ein Schmierseifenparkett, das beim Bremsen wie Glatteis wirken kann.

Querfeldein gehen

Nach wie vor sind in einigen vom Balkankrieg heimgesuchten Regionen nicht alle Minen geräumt. Als gefährlich gelten das Hinterland von Zadar und von Split. Aber auch auf den Inseln sollten Sie auf Querfeldein-Wanderungen verzichten und auf den markierten Wegen bleiben – und sei's nur wegen der häufig im Unterholz versteckten Schlangen.